Cantei mal teu ser e teu canto
enquanto te estive, dez anos;
cantaste em mim e ainda tanto,
cantas em mim teus dois mil anos.

João Cabral de Melo Neto

Crime na *calle* Relator

Sevilha andando

# Sumário

9     A constante seta de um rio, Everardo Norões

23    CRIME NA *CALLE* RELATOR (1985-1987)

27    Crime na *calle* Relator
29    A tartaruga de Marselha
32    As infundiosas
37    O ferrageiro de Carmona
39    O exorcismo
40    Aventura sem caça ou pesca
43    Na despedida de Sevilha
45    O desembargador
47    Numa Sexta-feira Santa
51    Funeral na Inglaterra
54    História de pontes
58    Rubem Braga e o homem do farol
61    O circo
66    O "bicho"
68    História de mau caráter
70    Numa sessão do Grêmio

| | |
|---|---|
| 71 | Menino de três Engenhos |
| 75 | Episódio da Guerra Civil espanhola |
| 78 | Brasil 4 x Argentina 0 |
| 80 | Antônio Silvino no Engenho Poço |
| 82 | A múmia |
| 84 | Beco da Facada |
| 86 | Porto dos Cavalos |
| 88 | Cenas da vida de Joaquim Cardozo |
| 94 | A morte de "Gallito" |
| | |
| 97 | SEVILHA ANDANDO (1987-1993) |
| | |
| 101 | A sevilhana que não se sabia |
| 105 | Meu álcool |
| 108 | É demais o símile |
| 110 | A barcaça |
| 112 | Viver Sevilha |
| 114 | Verão de Sevilha |
| 115 | O segredo de Sevilha |
| 116 | Cidade de nervos |
| 117 | Sevilha em casa |
| 118 | Sevilha andando |
| 119 | Na cidade do Porto |
| 120 | A sevilhana que é de Córdoba |
| 122 | As *plazoletas* |
| 123 | Sevilha de bolso |
| 124 | Mulher da *Panadería* |
| 125 | Sol negro |
| 126 | Sevilha ao telefone |
| 128 | Sistema solar |
| 129 | Lições de Sevilha |
| 130 | Mulher cidade |
| 131 | Retrato |

133 Poema
134 Ainda Sevilha ao telefone
135 Cidade viva
136 Sevilhana pintada em Brasília
138 O *aire* de Sevilha
139 Sal interior
140 Despertar com sevilhana
141 Sevilha revisitada em 1992
142 Oásis em Sevilha
143 Presença de Sevilha

ANDANDO SEVILHA (1987-1989)

147 Semana Santa
149 Touro andaluz
151 No Círculo de *Labradores*
152 Os turistas
154 Sevilha e a Espanha
155 *El embrujo* de Sevilha
156 *Calle* Sierpes
158 Cidade de alvenaria
160 O *Arenal* de Sevilha
161 Hospital de *La Caridad*
162 A fábrica de tabacos
164 Sevilhizar o mundo
165 O Museu de Belas-Artes
166 O asilo dos velhos sacerdotes
168 A Praça de Touros de Sevilha
170 Padres sem paróquia
171 Na Cava, em Triana
173 Um bairro de Sevilha
174 Cidade cítrica
175 Gaiola de chuva

176 O sevilhano e o trabalho
177 *Corral de vecinos*
179 A Feira de Abril
180 Manolo González
181 Miguel Baez, "Litri"
182 Dois castelhanos em Sevilha
183 Manolo Caracol
185 Juan Belmonte
187 Carmen Amaya, de Triana
189 Niña de los Peines
191 A idade da sevilhana
192 A catedral
194 Os *infundios* do sevilhano
195 Intimidade do *flamenco*
196 A imaginação perigosa
197 Sevilha e o progresso

199 APÊNDICES

201 Cronologia
204 Bibliografia do autor
208 Bibliografia selecionada sobre o autor
212 Índice de títulos
216 Índice de primeiros versos

# A constante seta
# de um rio

"*La sensibilité qui compte pour Baudelaire n'est donc pas celle du cœur, mais celle de l'imagination, qu'il considère comme une faculté intellectuelle, la 'reine des facultés'. C'est à la forme qu'il revient de neutraliser le sentiment individuel, de telle sorte que l'œuvre, s'élevant à la 'beauté supérieure' soit en mesure de produire cet 'enlèvement' de l'âme' sans lequel un poème ne mérite pas son nom*" (Jean-Claude Pinson).[1]

## Portal de Sevilha

Abrimos este livro e penetramos num portal de Sevilha, motivados por um guia inusitado, que nos leva a uma cidade de paredes carnais, onde há mulheres com jeito de lugares e histórias contadas dentro do arcabouço de uma gramática que doou à língua, à nossa língua, um dos nossos mais altos poetas. Nestes dois livros — *Crime na* calle *Relator* (1987) e *Sevilha andando* (1989) —, os últimos escritos por João Cabral de Melo Neto, está resumida, à guisa de testamento, sua poética: a lavra do "nobre artesanato", o recurso à função social da comunicação em verso, a visão de um leitor como contraparte do escritor, a tradição como alavanca de apoio ao contemporâneo. Aquela que poderia ser chamada uma poética dos rios, a fluir sem percalços, a escorrer por entre agrestes, a carrear sua substância indispensável a todos nós.

Dentre as cidades em que viveu na Espanha — em Barcelona, Madri e Sevilha — é a essa última que o poeta João Cabral de Melo Neto dedica esses seus últimos trabalhos. Eles trazem nos títulos referências a um dos dois lugares que mais tocaram o poeta, conforme confessou no poema "Autocrítica", do livro *A escola das facas*:

> *Só duas coisas conseguiram*
> *(des)feri-lo até a poesia:*
> *o Pernambuco de onde veio*
> *e o aonde foi, a Andaluzia.*
> *Um, o vacinou do falar rico*
> *e deu-lhe a outra, fêmea e viva,*
> *desafio demente: em verso*
> *dar a ver Sertão e Sevilha.*

O mais andaluz dos poetas, Federico García Lorca, enxergou Sevilha como uma torre "cheia de finos arqueiros", uma cidade que, "debaixo do arco do céu, e sobre seu chão limpo, dispara a constante seta de um rio".[2] Duas setas = alvos poéticos e memórias de dois grandes poetas da literatura de origem ibérica: o autor do *Romancero gitano* e João Cabral de Melo Neto. Duas setas = dois rios: o Guadalquivir — o *al-wādi al-kabīr*, ou *o Grande Rio*, dos mouros de Espanha cortando Sevilha, e o Capibaribe, pernambucano, em cujo vale e securas João Cabral de Melo Neto anteviu cenas para épicas castelhanas.

Se na sua leitura o Capibaribe é língua mansa de um cão, é com a metáfora de uma espada a cortar o Recife — espada assemelhada à seta do poeta de Granada — que ele descreveu o rio na primeira estrofe do poema "O cão sem plumas":

*A cidade é passada pelo rio
como uma rua
é passada por um cachorro;
uma fruta
por uma espada. (...)*

Rios, rios de leito seco, ciganos ou cassacos de engenho tangidos pela miséria, gestuais da pedra ou memórias de Espanha ou do Nordeste, Guadalquivir e Capibaribe acompanharam o curso da poesia de João Cabral de Melo Neto. Uma poesia que "fala somente com o que fala", pois nela não há lugar para aquilo que ele denominou "a predominância do conceito de inspiração", o esperar que "o poema aconteça". Contida e escorreita, sua poesia *a palo seco* — o canto flamenco sem guitarra — evitou os riscos dos abismos mallarmeanos susceptíveis de levar à "morte da comunicação". Como o *cante hondo* dos ciganos andaluzes, foi feita para comunicar com o mínimo, mas o mínimo tinha de ser o extremo, quase grito. Por isso, a influência sobre ele, tanto de Mallarmé quanto de Valéry, dar-se-ia exclusivamente através de um viés teórico, aquilo que ele chamou de "pregação da lucidez na vontade de criar". Em nada afetou a forma toda sua de fabricar o poema. Sua oficina teve outras heranças, algo do "nobre artesanato" de Gonzalo de Berceo, poeta de sua admiração. Primeiro grande poeta espanhol, no início do século XIII, foi autor de versos assemelhados à literatura de cordel. "Cuaderna" de Berceo pode estar na origem do título *Quaderna*, dado ao livro de João Cabral de Melo Neto publicado em 1960. Nesse livro ergue-se o poema "Estudos para uma bailadora andaluza" (bailadora, não bailarina), "gestos das folhas do fogo": instante em que ele se torna — e esses seus dois últimos livros (*Crime na* calle *Relator* e *Sevilha andando*) reafirmam esta sua condição — o mais "espanhol" dos poetas brasileiros.

## Poesia *a palo seco*

O poeta de *Crime na* calle *Relator* pensava: além do prazer que a poesia pode despertar, ela deve ter a capacidade de transmitir uma experiência nova, fazer luzir uma aura, lançar alguma seta contra nosso desassossego. Ser, ao mesmo tempo — como o *palo seco* andaluz ou o aboio nordestino, dois cantos de uma mesma matriz —, concisão e comunicação. Eco visceral, que rompe e rasga. Cada som e cada letra têm a contrapartida do trabalho braçal do artesão, da emoção compacta, mas lancinante. Do início ao fim, sua poesia seguirá veredas que tanto poderiam desembocar no rio de Sevilha — que ele tantas vezes cruzou —, como no rio de Pernambuco, de onde veio, a arrastar nas suas águas ecos de "uma terra desertada,/vaziada, não vazia,/mais que seca, calcinada".

Poesia cerrada, mas comunicante. Daí que *Crime na* calle *Relator* é como se o poeta estivesse a desenrolar causos enquanto toma chope ou café numa mesa do Bar Corales, ou do Bar Campana, na *calle* Sierpes de Sevilha, onde, "após o andar solidão/se navega entre a multidão". Esse estar solitário por entre as gentes, no entanto, nada tem do estado lírico de Camões. É muito mais um filete do vinho de Baudelaire, cujo poema "A une passante"[3] é expressão acabada dessa "solidão moderna", para a qual a conversa de rua tornou-se um dos antídotos mais difundidos em nossas cidades latinas.

João Cabral de Melo Neto foi iniciado nessas conversações na juventude, em rodas da Esquina da Lafayete, lugar do centro do Recife onde intelectuais se reuniam em torno de Ascenso Ferreira, Willy Lewin ou Joaquim Cardozo. Esses dois últimos, as únicas universidades que Cabral confessava ter frequentado. O escritório de Joaquim Cardozo, o engenheiro poeta expulso do Recife por motivos políticos, João Cabral de Melo Neto iria frequentar mais tarde, no Rio de Janeiro. Num dos muitos poemas que dedicou a ele, "Cenas da vida de Joaquim Cardozo" (do livro *Crime na calle Relator*), chama a atenção para o hábito curioso do poeta de *Signo estrelado* de compor sentado numa mesa, na agitação de uma cidade que abalroa, e de nunca escrever seus poemas, mas guardá-los na memória:

*(...) sentado, escritor, numa mesa,*
*ou andando, entre a angústia e a pressa*

*de uma cidade que abalroa,*
*que exige de quem anda proa,*
*onde quem anda entre choques*
*ou se esgueira como quem foge.*

*Cardozo levava seu poema:*
*a poesia, não leva a pena*
*de fazê-la, a pena é abstrata,*
*é o fazer, re-fazer, guardá-la. (...)*

Essa imagem, da cidade que abalroa, do poeta a viver entre choques, é também a que Walter Benjamin utiliza para observar o homem moderno, cuja memória "involuntária" (segundo o conceito bergsoniano) vivia confrontada com uma memória "voluntária", ligada a uma consciência que, para lidar com os "choques" que destroem a aura, era obrigada a permanecer em constante estado de alerta.[4]

## Sentado no Bar Corales

Com essa memória "voluntária", como se estivesse sentado em algum ponto de uma *calle* sevilhana a olhar de longe o Capibaribe, João Cabral de Melo Neto desfia seus "causos", apossando-se de expressões coloquiais, num estilo de "classicista modernista", conforme o definiu José Guilherme Merquior,[5] utilizando aquela ideia de mescla de estilos a que Eric Auerbach[6] se refere ao analisar *As flores do mal*. Para o ensaísta alemão, antes de Baudelaire o amor físico era tratado em estilo vulgar e o lado perverso do homem raramente era mencionado, enquanto na poesia do poeta francês é esse justamente o aspecto que predomina.

Em João Cabral de Melo Neto, os acontecimentos narrados em poemas como os de *Crime na* calle *Relator* "comunicam" o cotidiano, com seus aspectos às vezes droláticos ou satíricos, numa linguagem precisa e refinada, espécie de alfenim a concentrar o mel de seu engenho. É que, para ele, o poeta cuja emoção se identifica com a de sua época "jamais considera violentação à sua personalidade o assunto que lhe é ditado pela necessidade da vida diária dos homens".

*Crime na* calle *Relator* é composto de 25 pequenas histórias baseadas em fatos reais, ocorridos em vários lugares, a exemplo do poema que dá título ao livro, ambientado na Espanha; "A tartaruga de Marselha" (na França); "História de pontes" (no Recife); "Funeral na Inglaterra". Quase todos os poemas são postos na forma de "quaderna": estrofes de quatro versos, versos geralmente de oito sílabas (sempre o predomínio dos múltiplos de quatro...), rimas toantes, ritmo que o poeta inaugurou em *Paisagens com figuras* (1954-55) e o acompanhará até seus últimos livros. Como também o perseguiu a preocupação em adaptar gêneros não poéticos, como a poesia satírica ou a anedota moderna, que ele considerava herdeira da fábula.

Durante toda sua atividade de escritor, João Cabral de Melo Neto perseverou nas suas ideias sobre a função e a utilidade da poesia, expostas na conferência *Poesia e composição*, em 1952, na Biblioteca de São Paulo. Nesse aspecto, talvez tenha sido o mais modernista — no sentido baudelairiano — e, ao mesmo tempo, o mais ibérico de nossos poetas, num exercício de equilíbrio raramente observado na poesia de língua portuguesa.

Na Espanha, ele ouviu a voz misteriosa de Manolo Caracol tentando imprimir um viés clássico ao flamenco; percebeu em alguma apresentação da Niña de los Peines o mesmo duende que Lorca registrou depois que a ouviu cantar; foi surpreendido pela coreografia nas fímbrias da morte de toureiros como Manolete ou como Miguel Baez, "Litri". É possível que todos esses "choques" tenham lhe trazido a certeza de que sua poesia também era — como o *cante* flamenco ou a tauromaquia — um permanente exercício de maestria e de equilíbrio entre criação e perfeição, intuição e trabalho, emoção e rigor. Mais do que equilíbrio: uma ausência de temor dos contrários, a justa prova de que das coisas que parecem se excluir desabrocha, necessariamente, o eterno milagre da síntese. Síntese que tem algo de inexplicável, de aura. Ou do duende de Lorca.

A percepção desse equilíbrio quando se lê a poesia de João Cabral de Melo Neto nos transporta a outras artes, corporais, artes do instante — semelhantes à arte de tourear —, com seus limites e precipícios. Disso trata Jean Genet, poeta "maldito", num texto chamado *O funâmbulo*. Dedicado ao equilibrista Abdallah Bentaga, depois que o amigo cometeu suicídio, uma das passagens sobre a relação entre artista/arame, diz assim: "Este amor — quase desesperado, mas carregado de ternura — que deves demonstrar ao teu arame, terá a mesma força desse fio de ferro que suportará teu peso."[7] A relação entre o funâmbulo e o seu objeto é a mesma observada por João Cabral de Melo Neto entre o ferreiro e o ferro forjado do poema "O ferrageiro de Carmona", do livro *Crime na* calle *Relator*:

> (...) *"Forjar: domar o ferro à força,*
> *não até uma flor já sabida,*
> *mas ao que pode até ser flor*
> *se flor parece a quem o diga."*

É que há nessas artes todas um mesmo motivo condutor: domar o arame, o ferro, o touro. Domar a palavra. E, para que isso fique claro, às vezes é preciso recorrer à insistência do motivo para realçar o fundamento do discurso, ou utilizar os *exempla* da retórica para justificar o que poderia existir de mais moderno na linguagem poética. João Alexandre Barbosa chamou a atenção para o fato de o poema citado — "O ferrageiro de Carmona" — lembrar alguns poemas anteriores, a exemplo do "Alguns toureiros", do livro *Paisagens com figuras*, escrito mais de trinta anos antes.[8]

> (...) *como domar a explosão*
> *com mão serena e contida,*
> *sem deixar que se derrame*

*a flor que traz escondida,
e como, então, trabalhá-la
com mão certa, pouca e extrema:
sem perfumar a flor,
sem poetizar seu poema.*

Essa insistência em relação ao equilíbrio, à concisão, à originalidade e à busca de qualquer átomo de valor em tudo o que é humano é uma visão de João Cabral de Melo Neto que ultrapassa sua obra poética. Suas observações sobre o fazer artístico alargam-se para outras esferas da arte. Por isso, no ensaio sobre Joan Miró, o pintor catalão, João Cabral deixou registradas — a nosso ver melhor do que no texto sobre a composição poética — as ideias que fundamentam sua escrita.

## Espanha. Espanhas

O tempo que separa os dois poemas — "O ferrageiro de Carmona" e "Alguns toureiros" — separa também as duas Espanhas do poeta. A primeira, a de Barcelona; a segunda, a de Sevilha. À primeira, João Cabral chegou em pleno franquismo, quando os poetas do "interior", em razão das imposições da censura fascista, desconheciam os poetas espanhóis que haviam rumado para o exílio, em consequência da Guerra Civil que destroçou o país (1936-1939). Em Barcelona, ele se juntou a intelectuais e artistas como Joan Miró, Ángel Crespo e o grupo da revista *Dau al Set* (Dado de sete faces), da qual faziam parte, entre outros, Joan Brossa, o pintor Antoni Tàpies, Joan Ponç. E a bordo de sua impressora manual "Minerva" passou a editar, sob o selo de *O livro inconsútil*, autores brasileiros e espanhóis. Reconstruía, à sua maneira, a experiência artesã de O Gráfico Amador, do Recife, onde, em 1955, havia sido impresso, em vinte exemplares, o seu poema "Pregão turístico do Recife". Enquanto imprimia livros, abria venezianas para uma poesia espanhola marcada, então, por duas vertentes: uma que buscava uma "poesia do conhecimento" e, no seu oposto, aquela de um realismo engajado, caracterizada por um viés marxista. Nesse campo de inquietação teórica, a poesia de João Cabral de Melo Neto seria observada como algo novo, como a "conformação da imagem do poeta-artesão", na expressão da ensaísta Pilar Gómez Bedate.[9] É como se ele estivesse a recuperar, naquele convívio espanhol, o fio da meada da tradição ibérica para fabricar um edifício de palavras equivalente às *Constelações* pintadas por Miró. Uma espécie de correia de transmissão, de mão dupla, brasilibérica. A pergunta que ele se fazia era a mesma posta por alguns dos mais expressivos intelectuais de Espanha, como o poeta e ensaísta Jorge Guillén, que indagou no seu *Lenguaje y poesía*: "Que fará o artista para converter as palavras de nossas conversas em um material tão próprio e genuíno como o é o ferro e o mármore para seu escultor?"[10] Jorge Guillén, sobre quem João Cabral escreveu no poema "Dois castelhanos em Sevilha", do livro *Sevilha andando*:

*(...) Imagino-o soprando as aulas,*
*como soprou sempre a poesia*
*que fez, com régua e com esquadro.*
*Dura mais a voz menos viva? (...)*

A segunda Espanha de João Cabral de Melo Neto é a Sevilha dos anos 80, onde o poeta não mais persegue o convívio com o mundo intelectual da cidade, como fez em Barcelona. O castelhano e o catalão, segundo ele, tinham "pobreza e riqueza tristes", enquanto a Andaluzia era "de ouro e cobre, mas nenhum dura mais que um dia". Em Sevilha, andaluza, ele vai procurar curtir as artes do instante, entre *cantaores*, bailadores e toureiros, numa "cidade de nervos", que tinha a "tessitura da carne/na matéria de suas paredes,/ boa ao corpo que a acaricia:/ que é feminina na sua epiderme".

Mas o leitor logo se apercebe de que há duas "cidades" construídas por ele numa mesma Sevilha: as duas partes do livro *Sevilha andando*. Na primeira ("Sevilha andando"), a fêmea transformada em cidade, estratégia do poeta para dissimular sua lírica. Ele, o antilírico, que nunca sequer ousou "cometer" um só soneto, irá atribuir à coisa amada características de lugares, num movimento de prosopopeia, "uma Sevilha de existência fêmea":

*(...) Uma mullher que saber ser
mulher e centro do ao redor,
capaz de na* calle *Regina
ou até num claustro ser o sol. (...)*

A segunda cidade = segunda parte do livro ("Andando Sevilha") é sua memória em passeio, memória "voluntária" a transfigurar ruas, bares, edifícios, personagens, paisagens. Um lugar onde "passear é navegação", mas um passear sutil, em que os seus astrolábios o orientam a captar todas as sensações de vida nessas andanças em que "vão soltas a alma e a carne".

Nesse seu último livro, *Sevilha andando*, não há um único poema pernambucano: é tudo Espanha, é tudo Sevilha. As procissões da Semana Santa são vistas de forma quase irônica;

o olhar-chama do touro andaluz que provoca o calafrio; o Hospital de La Caridad ou a Fábrica de Tabacos, onde trabalhou a Carmen, e cuja imagem desperta em nós a música *La habanera*, de Bizet. Sevilha, segundo João Cabral de Melo Neto, "a única cidade que soube crescer sem matar-se". Talvez por isso ele a tenha escolhido para guardá-la como derradeira imagem de um lugar a ser lembrado durante a cegueira que precedeu sua morte e paralisou sua escrita.

Com esses livros, mais de trinta anos depois ele retorna aos temas de *Paisagens com figuras*, prosseguindo o que já fizera em *Agrestes*. Uma poesia como esforço de "coisificação" da memória, conforme revelou em entrevista e repetiu, citando "The waste land", de Eliot: a memória "são fragmentos trazidos à praia contra minhas ruínas". Nesses fragmentos poéticos João Cabral de Melo Neto conseguiu se apropriar dos aspectos mais recônditos e mais sutis da cultura espanhola. A poetisa Cinta Massip — no excelente documentário de Bebeto Abrantes sobre o poeta, intitulado *Recife/Sevilha: João Cabral de Melo Neto* — afirma que ele havia captado "perfeitamente, como ninguém nunca conseguiu na literatura espanhola, o ritmo do *palo* flamenco". Quem diz *palo* flamenco diz Andaluzia. Quem diz Andaluzia soletra Espanha.

## Nossa poesia são rios

Saímos deste livro, que são dois, são múltiplos. Detrás dos muros vivos de certa cidade — às vezes Sevilha, às vezes Recife — há sempre o corte de um rio — às vezes o Guadalquivir, às vezes o Capibaribe. Rios que se mesclam. E, de repente, as "figuras" de João Cabral emergem de um ensaio de Lorca. É, por exemplo, quando o poeta granadino descreve a Niña de los

Peines — a mesma presente na poesia de João Cabral — e observa que a musa de Gonzalo de Berceo e o anjo do Arcipreste de Hita "hão de se afastar para ceder o passo a Jorge Manrique quando chega ferido de morte às portas do castelo de Belmonte".[11] Jorge Manrique, o que escreveu que nossas vidas são os rios. Sempre os rios metafóricos dessa poética de Berceo, Lorca, Manrique. De João Cabral de Melo Neto. Rios que correm sempre para uma mesma foz. E nunca perecem.

Everardo Norões

1. Pinson, Jean-Claude. *Habiter en poète*. Nantes, Champ Valon, 1995. p. 223. ("A sensibilidade que é levada em conta por Baudelaire não é, pois, a do coração, mas a da imaginação, que ele considera como uma faculdade intelectual, a 'rainha das faculdades'. Cabe à forma neutralizar o sentimento individual, de tal maneira que a obra, elevando-se à 'beleza superior', esteja à altura de produzir esse 'enlevo' da alma sem o qual o poema não é digno desse nome.")
2. Lorca, Federico García. *Obra completa*. Madri, Aguilar, S. A. Ediciones, 1954. p. 235.
3. Baudelaire, Charles. *Les fleurs du mal*. Paris, Éditions Garnier Frères, 1957. p. 152.
4. Benjamin, Walter. *Écrits français*. Paris, Gallimard — Folio Essais, 2005. p. 316.
5. Merquior, José Guilherme. *A astúcia da mímese*. Rio de Janeiro, Topbooks, 1997. p. 200.
6. Auerbach, Erich. *Ensaios de literatura ocidental*. Rio de Janeiro, Duas Cidades/Topbooks, 1977. p. 315.
7. Genet, Jean. *Œuvres complètes*. T. V. Paris, Gallimard, 1957. (Tradução E.N.)
8. Barbosa, João Alexandre. "A lição de João Cabral". In *Cadernos de Literatura Brasileira* nº 1. Rio de Janeiro, Instituto Moreira Salles. Março de 1996. p. 101.
9. Bedate, Pilar Gómez. "El 'poeta artesano': nota sobre la poética española de posguerra y la relación entre Angel Crespo y João Cabral de Melo Neto". In *Revista de Cultura Brasileña*. Nueva Serie. Madri. Março de 2005.
10. Guillén, Jorge. *Lenguaje y poesía*. Madri, Alianza Editorial, 1983. p. 7.
11. Lorca, Federico García. *Idem*. p. 47.

CRIME NA *CALLE*
RELATOR
(1985-1987)

*A Luís Jardim*

*"In that ago when being was believing."*

W. H. Auden

# Crime na *calle* Relator

"Achas que matei minha avó?
O doutor à noite me disse:
ela não passa desta noite;
melhor para ela, tranquilize-se.

À meia-noite ela acordou;
não de todo, a sede somente;
e pediu: *Dáme pronto, hijita,*
*una poquita de aguardiente.*

Eu tinha só dezesseis anos;
só, em casa com a irmã pequena:
como poder não atender
a ordem da avó de noventa?

Já vi gente ressuscitar
com simples gole de cachaça
e *arrancarse por bulerías*
gente da mais encorujada.

E mais: se o doutor já dissera
que da noite não passaria,
por que negar uma vontade
que a um condenado se faria?

Fui a esse bar do Pumarejo
quase esquina de San Luís;
comprei de fiado uma garrafa
de aguardente (*cazalla* e anis)

que lhe dei cuidadosamente
como uma poção de farmácia,
medida, como uma poção,
como não se mede a cachaça;

que lhe dei com colher de chá
como remédio de farmácia:
*Hijita, bebí lo bastante,*
disse com ar de comungada.

Logo então voltou a dormir
sorrindo em si como beata,
um semissorriso de *gracias*
aos santos óleos da garrafa.

De manhã acordou já morta,
e, embora fria e de madeira,
tinha defunta o riso ainda
que a aguardente lhe acendera."

# A tartaruga de Marselha

Sai de casa para matar-se.
Desce à Corniche, onde Marselha
não é praia nem porto, é a pique,
cai a pique num mar de pedras.

Ao sair de casa carrega,
como joia, a que possuía:
a pedra de uma tartaruga,
pedra viva e de companhia.

Quando quase a precipitar-se,
vê que levava a tartaruga
e que ela nada tinha a ver
com a humanidade e suas cuitas.

Deixa-a na mureta que há
entre o marselhês e o abismo;
pensa: sem mim alcançará
a vez do seu próprio Juízo.

Certo essa pedra tem instintos,
mesmo se é pouco nela o bicho;
mas pouco e encolhido na pedra
ele é animal, e tem caprichos,

um dos quais é querer ainda
continuar a sentir-se em vida,
desafiar os riscos do trânsito
a despenhar-se ali, suicida.

Eis a tartaruga a correr
como não fazem as tartarugas,
ei-la que salta da mureta,
não para o abismo, para a rua,

onde outra espécie tartaruga
corre com a insensibilidade
do aço, que se sabe que é de aço
e o que lhe cabe em homenagem.

Ela então vê que a tartaruga
nada tem a ver com sua guerra,
nem pediu para suicidar-se
junto com ela, contra as pedras.

Apanha o bicho com paciência,
com ele reatravessa a rua,
volta a casa para guardá-lo
no seu ninho de tartaruga.

Mas passa que, chegando em casa,
aquilo de que ela fugira,
a guerra doméstica acesa,
se incendiara mais ainda.

Resguarda a tartaruga e cai:
não nas pedras que pretendia,
mas nas outras, mais pontiagudas,
que entre todos se proferiam.

Cai entre palavras que voam
como pedras, pedras de briga;
a guerra estava em plena guerra
e armistício ninguém queria,

e ela entra nela como quem
faz assassina a alma suicida.
No outro dia não se explicava
por que quis matar-se esse dia.

# As infundiosas

1.
Eram três irmãs andaluzas,
da imensa maioria viúva.

Duas delas eram mães de artistas
(a filha sem dons também vinha).

É Utrera, e andaluza é a tarde
quando a literal irmandade

na casa de uma se reunia
a celebrar a mesma missa.

2.
O introito da missa o inicia
a que não possui filha artista:

"Loucura, soltar por Sevilha
as meninas" (Iam nos trinta).

"Quem sabe, depois de Sevilha,
dá-lhes por Madrid, pelas Índias?

Eu cá não deixo filha minha,
fosse artista, seguir as primas."

3.
As duas outras, mães de artistas,
com paciência seguem a missa:

"Deixar filhas soltas no mundo!"
Pensam: mãe de artista, no fundo,

coisa de bem — ou maldição,
coisa ambígua de sim e não,

há que aceitar: é uma em cem mil
essa paralisia infantil.

4.
(Conheci bem as três artistas;
eram todas minhas amigas.

*Cantaoras* geniais todas três,
quando por *cantes* de Jerez.

Duas eram de ir para o frade
para quem é dura a castidade;

e as más línguas, a que era bela,
faziam correr que era lésbica.)

5.
Após pesar os riscos mis
das meninas pelos Madrids,

a missa das viúvas de Utrera
muda o sermão que se boceja.

"Agora, falar com infúndios;
a verdade é para os defuntos."

E põem-se a falar faz de conta,
que é a verdade que não tem contras.

6.
"Agora só vai de Rolls Royce
meu marido" (do eito da foice).

"Pois o meu chegou de avião,
não sei se da França ou Japão."

"No almoço, Manolo me disse
que vai de férias ao Recife."

(Então das filhas ameaçadas,
não se lembram, nem das ameaças.)

7.
A inspiração é sempre curta
e tanto mais quando é gratuita.

Esgotam-se os infúndios ricos
que ocorreriam aos maridos;

nem querem infúndios de pobre,
já lhes basta a vida de cobre;

nem maridos têm elas mais,
não mortos de touro, de olivais.

8.
Às vezes, infúndios volviam:
agora a grandeza é das filhas.

"Rocío me escreveu que ela ia
bailar na Arábia dos Sauditas."

"Isso está afastado da Espanha;
lá não chega a Virgem de Triana."

"Mas Rocío sabe de golpes
que nenhum mouro desses pode."

9.
"O contrato da Antônia minha
parece que a leva até Olinda,

depois Rio, Peru, e enfim
Cachoeiro de Itapemirim."

"E o que querem que assine Regla
leva-a de avião à Inglaterra;

depois, a duas Alemanhas,
quatro Suíças, três Irlandas."

10.
Ficavam nisso horas sem conta,
na conversa ou missa de pompas.

Visitá-las era ir a um teatro
que o espectador vive do palco.

Tinha a visita de ir à mesa
e tomar parte na conversa,

e quase sempre alimentá-la
com infúndios da própria lavra.

# O ferrageiro de Carmona

Um ferrageiro de Carmona
que me informava de um balcão:
"Aquilo? É de ferro fundido,
foi a fôrma que fez, não a mão.

Só trabalho em ferro forjado,
que é quando se trabalha ferro;
então, corpo a corpo com ele,
domo-o, dobro-o, até o onde quero.

O ferro fundido é sem luta,
é só derramá-lo na fôrma.
Não há nele a queda de braço
e o cara a cara de uma forja.

Existe grande diferença
do ferro forjado ao fundido;
é uma distância tão enorme
que não pode medir-se a gritos.

Conhece a Giralda em Sevilha?
Decerto subiu lá em cima.
Reparou nas flores de ferro
dos quatro jarros das esquinas?

Pois aquilo é ferro forjado.
Flores criadas numa outra língua.
Nada têm das flores de fôrma
moldadas pelas das campinas.

Dou-lhe aqui humilde receita,
ao senhor que dizem ser poeta:
o ferro não deve fundir-se
nem deve a voz ter diarreia.

Forjar: domar o ferro à força,
não até uma flor já sabida,
mas ao que pode até ser flor
se flor parece a quem o diga."

# O exorcismo

Madrid, novecentos sessenta.
Aconselham-me o Grão-Doutor.
"Sei que escreve: poderei lê-lo?
Senão tudo, o que acha melhor."

Na outra semana é a resposta.
"Por que da morte tanto escreve?"
"Nunca da minha, que é pessoal,
mas da morte social, do Nordeste."

"Certo. Mas, além do senhor,
muitos nordestinos escrevem.
Ouvi contar de sua região.
Já li algum livro de Freyre.

Seu escrever da morte é exorcismo,
seu discurso assim me parece:
é o pavor da morte, da sua,
que o faz falar da do Nordeste."

# Aventura sem caça ou pesca

O Parnamirim com sua lama,
e mais lama que rio ele é,
limitava o quintal do fundo
(até lá alcançava a maré).
A porta que o Parnamirim,
que hoje coberto não se vê,
passa ao ir ao Capibaribe
é o vão da Ponte do Vintém.
Explorar o Parnamirim,
leito de lama quase pez,
era a aventura de um menino
(bem onde um desastre holandês).

Pelo leito sensual e morno,
no andar de andar em massapê,
quando o riacho é só de lama
e já não o emprenha a maré,
à procura de caranguejos,
em caçada ou pesca, não sei,
ia ter ao vão de uma porta,
o arco da Ponte do Vintém.
Na caça ou pesca nunca achava
mais que aratu, que é a ralé;

raro o goiamum de aço azul
e o carro de assalto que tem.

Mas havia o andar pela lama,
amor e medo, pedra e mel,
e era o fim mesmo da aventura
esse andar na lama: ela tem
carinho de carne de coxa
e das mucosas que contém,
certa textura feminina,
acolhimento de mulher,
e certa qualidade viva
que a faz lasciva para o pé.
Andar nela é do bom difícil,
um arrancar-se que não se quer.

Eis que enfim o Capibaribe
e a porta ou Ponte do Vintém;
eis que se acaba a caça ou pesca,
e como sempre acaba em sem.
A grande aventura se acaba
onde o Parnamirim também:
o riacho, na porta da Ponte,
entra o rio-mor, joão-ninguém,
e o aventureiro que o viajava
no leito dele e sua mulher,
se escorre, que o Capibaribe
é por ali de amplas marés.

Agora, é voltar para casa
sem que o denunciasse ninguém.

Mas não reandando a lama fêmea,
que a maré emprenha outra vez,
e subi-la com água é lento,
leva tempo, que é o que não tem.
Melhor seguir o cais decrépito
que paralelo ao rio vem,
e à vista do Capibaribe,
que vê tudo mas que não tem
como falar, entrar no porto-
-portão frente ao rio, e Amém.

# Na despedida de Sevilha

"*Tó lo bueno le venga a U'ted*.
Não viveu cá como um qualquer.
Conheceu Sevilha como a Bíblia
fala de conhecer mulher.

Sei tudo dessas relações
de corpo, que não o deixarão
ir de Sevilha a outra cidade
como alguém que se lava as mãos.

Sei que sabe de tudo, até
dos estilos de matar touros;
do *flamenco* e sua goela extrema,
de sua alma esfolada, sem couro.

Sei que bem sabe distinguir
a *soleá* de uma *siguiriya*.
Sei que conhece casa a casa,
sua cal de agora e a cal antiga.

Sei que entende nossos *infundios*,
nossa verdade de mentira
que o sevilhano faz mais franco,
mas nunca um Franco nem polícia.

Eu, como simples sevilhano,
só sei *adiós* na minha língua,
nesse andaluz de que a gramática
fala desde Madrid, e de cima.

*Vaya con Dió!* com o gracioso
que anda na boca das ciganas,
no Pumarejo, em Santa Cru,
nos cais da Barreta e Triana.

Repito *adió*! nesse andaluz
que é o espanhol com mais imagens,
que faz a cigana e a duquesa
benzerem-se igual: *Qué mal ange!*"

# O desembargador

Menino do Engenho Tabocas,
os traficantes de juízes,
formado, levam-no para o Rio,
pernambucano sem recifes.

Se no sul vive toda a vida,
foi de alma fixa em Pernambuco
e para crer que ainda nele
dá-se a esse exercício fútil

de investigar de onde é que vinha
toda a gente de onde ele veio:
os nomes parentes de engenho
dava-lhe o mascavo e seu cheiro.

Ao aposentar-se a esse vezo
de genealogista sem heráldica,
soma outro viver Pernambuco:
o do ser, que não explorara.

Volta ao sotaque nordestino,
volta a vestir-se ao velho jeito:
ao brim, ao chapéu de abas largas,
senhor de engenho e canavieiro.

Volta ao viver em contra-tempo,
que é do seu clã pernambucano,
que vive uma cana-de-açúcar
que hoje só dá no imaginando.

# Numa Sexta-feira Santa

1.
Semana Santa na Andaluzia:
o que de sacro ainda o feria.

A de que conta foi em Utrera,
de Sevilha a quase seis léguas.

O grande dia da Semana
é a noite Quinta-Sexta Santa.

Preferiu passá-la em Utrera,
que a faz em mais pobre maneira,

mas onde queria assistir
o Cristo Cigano que ia ir

reentrar na Matriz de Utrera
nos braços das *saetas* da Pepa.

Pepa, grande por *bulerías*,
cantando *saetas* estrearia,

e era tão grande o interesse
que de Sevilha veio quem viesse.

2.
Passa que cantar por *saetas,*
*cante* que aceita a própria Igreja,

faz-se com o mesmo compasso
das *siguiriyas,* que os ciganos

carregam no pulso e na língua
para confusão da polícia.

Porém se algum guarda-civil
tiver o ouvido mais sutil

e sentir que o *cantaor* ia
não por *saeta,* mas *siguiriya,*

leva o infrator para a cadeia,
por desaforo a Franco e à Igreja.

Ora, o cigano canta o que pode,
não aprende: é o que dele jorre,

e sua garganta em carne viva
não sabe linha que a divida.

3.
Sucedeu que na Quinta-feira
Santa, quando manhã da Sexta,

e ia voltar o Cristo Cigano
para o altar, a dormir outro ano,

Pepa celebrou-lhe a agonia
não por *saetas* mas *siguiriyas*.

Um guarda-civil competente
em *flamenco,* imediatamente,

nota a sacrílega infração
dela, e dos que com ela estão.

E às cinco da manhã de Utrera,
manhã santa da Sexta-feira,

quer levar tudo ao Delegado:
por *cante* e aplaudir o cantado

(Extraterritorial presente
soltou-os, sem mais incidentes.)

4.

Ao saírem da Delegacia,
o que fazer? onde se iria?

Lembram: à casa da Cortés
que estará em casa, talvez.

O utrerense que pela Espanha
regressa a Utrera na Semana.

Pois ocultos, na Santa Sexta,
deram a si próprios grande festa.

Sendo ele o só espectador
(cada artista logo o ignorou)

viu o melhor *flamenco* até ali:
o que cada um faz para si,

quando sem público que dê terra
cada um expõe sua febre elétrica.

Nunca ele viu Semana Santa
celebrada tão das entranhas.

# Funeral na Inglaterra

Cônsul, ela foi a um funeral.
De funeral, só viu a igreja.
Nem viu cerimônia: só gente
tentando, sem álcool, conversas.

*Garden party* no inverno e frio,
quando o jardim dorme ou não há.
Um canteiro todo de cinzas
como que acabam de adubar.

Pensou: certo um novo produto
para atrair a primavera,
um adubo que a faz reviver
ou a amadurece mais depressa.

Convidados ao funeral
vão chegando a cada momento.
Era a afluência tão numerosa
quanto apertado era o terreno.

A preamar dos convidados
foi empurrando-a até o canteiro
que o adubo novo recobria:
"Pisei-o, não vi outro jeito.

Com nojo e muito a contragosto,
pisei-o, andei-o, passeei-o;
pisei fundo na cinza fofa,
entrei-a quase ao tornozelo;

era uma cinza farelo, um grude
que se agarrava a meus sapatos;
mais aumentou meu mal-estar;
certa angústia juntou-se ao asco."

A gente estava numa festa:
se falava, falava em nada;
gente das ilhas de toda a Ilha
se reencontrava, farejava.

Toda ao redor desse canteiro
onde sentia-se em pecado,
mas onde pisavam, cuspiam,
jogavam pontas de cigarro.

Na baixa-mar dos convidados
pôde sair daquele chão;
foi dizer aos donos da festa
com britânica compunção:

"Na preamar de tanta gente
fui arrastada contra o muro.
*Awfully sorry* pelo estrago
que fiz no canteiro e no adubo."

"Em que canteiro?" perguntaram.
"No único que está cultivado;
no que está encostado ao muro,
com estranho adubo: importado?"

"Que adubo? Não havia adubo.
Eram as cinzas da cremação.
Fulano ao morrer nos mandara
espalhar suas cinzas no chão,

para sentir-se ainda entre amigos
numa conversa derradeira;
queria ao redor do canteiro
os que ao redor de sua mesa."

# História de pontes

1.
De onde o que foi todo o Recife
e hoje é só o Bairro do Recife,

de onde de dia, bancos, bolsas,
e à noite prostitutas louras,

de madrugada, quando a angústia
veste de chuva morna, e é viúva,

certo Cavalcanti ou Albuquerque
voltava a casa, murcha a febre.

2.
Na Ponte Maurício de Nassau,
deserta, do deserto cão

das pontes (quem não o conhece
melhor que não sofra o teste),

pois N. vê que um outro vinha
na mesma calçada em que ele ia.

Vendo alguém, vê-se aliviado:
eis onde acender-se um cigarro.

3.
A noite na ponte é sem diques,
mais, numa ponte do Recife.

A ponte a custo se defende,
esgueirando-se frágil, entre

massas cegas, nuvens de treva
que a esmagam pelas costelas:

não há sequer a companhia
de janela que se abriria.

4.
Nisso o homem que se aproximava
frente a N. a boca escancara,

boca de assombração, vazia,
onde um único dente havia,

um dente de frente, o incisivo,
único, mas capaz do riso

bestial, que não é o da morte
mas o de quem vem de sua posse.

5.
N., Cavalcanti ou quem quer,
pavor e nojo, deu no pé:

varou a Primeiro de Março,
varou a Pracinha do "Diário",

vara disparado a Rua Nova,
nesse então Barão da Vitória,

chega à Ponte da Boa Vista:
outra ilha! quem sabe, a saída.

### 6.
Levando na alma aquele dente,
sem encontrar um recifense

a quem contar, e nos ouvidos
o hálito mau daquele riso,

entra na Ponte da Boa Vista
como não se entra na Polícia:

na ponte treliçada, de cárcere,
purgaria o dente que o arde.

### 7.
Já agora, cansado, não corre.
Vê alguém, enfim, pela ponte,

alguém que logo deteria
para dividir o que o crispa.

Detém o estranho, conta a história,
de um dente só que ri na boca.

O estranho o escuta paciente,
como um doutor não ouve um doente.

8.
"Riso de um dente só na boca?
Riso, na madrugada roxa?

Será por acaso este o dente?"
Mostra-o: é o mesmo e o rir demente.

Por favor, loucura, o que seja,
N. dispara à Tamarineira.

(Cura-o de todo tio Ulysses.
Não de ponte em Capibaribes.)

# Rubem Braga e o homem do farol

É necessário vocação
na carreira de faroleiro.
Consta do serviço civil,
tem obrigações e direitos.

Porém não se entra nela como
em qualquer outra profissão:
entrar para ser faroleiro
é como entrar em religião.

É como entrar-se para a Igreja
numa ordem contemplativa,
pois no alto cargo se cavalga
vazios propícios à mística.

Na torre só, mais: isolado
de tudo o que faz transeunte,
habita a linha de fronteira
onde espaço e tempo se fundem.

O mar em volta do farol
é qual relógio sem ponteiros.
O faroleiro é só em si,
sem companhia nem do espelho.

O faroleiro é como nu,
ser devassado por janelas
que o cercam de todos os lados
e para o nada sempre abertas,

sobretudo para esse nada
que há na fronteira espaço-tempo:
o silêncio, que abafa como
almofada de algodão denso.

Ora o nada aberto ao redor
leva-o à posição uterina,
fechando-o ainda mais em si,
habitando a moela mais íntima,

ora dissolve o faroleiro,
que embora desperto se anula:
as vias da contemplação,
qualquer das duas, se quer, usa.

Rubem Braga uma vez tentou
salvá-lo do não metafísico:
foi visitar um faroleiro
titular de uma ilha do Rio.

Rubem Braga logo decide:
não é homem de introspecção.
Vê que precisa de diálogo
esse afogado em tanto não.

De volta ao Rio, nos jornais,
lança um apelo: que doassem
vitrolas, rádios, qualquer voz
ao navegante sem navegagens.

# O circo

         1.
Passou num engenho de açúcar
de Pernambuco, numa data
entre os engenhos de Zé Lins
e os de Casa Grande & Senzala.

Para saber-se de um engenho,
melhor recorrer a esses livros:
neles habita toda a gente
que os habitava, e seu estilo,

com seus parentes e aderentes,
bichos e cassacos, ambíguos,
todos na ilha que se defende
do canavial que faz vazio.

Mas nessas ilhas que se vedam,
tempo líquido, ele se infiltra,
ele, o canavial, seu bocejo
e sua atmosfera sem saída.

2.
Pois no povoado ali de perto
certo dia aparece um circo
com seu imenso cogumelo,
encanto de pobre e de rico.

Na noite de estreia do circo
vai completa toda a família.
Vai completa, e só quando volta
se vê que incompleta da filha.

Nunca se pode descobrir,
entre o Persinunga e Goiana,
onde se evaporou o circo
com seu cogumelo de lona.

Melhor: onde pousou o circo.
Nem mesmo se pousou no chão,
nem quando foi que o cogumelo
fez-se o milagre de um balão.

3.
Desde esse dia o engenho murcha
e é sem defesa na sua ilha;
agora o corrói pelo miolo
a aguardente que ele destila.

A barba cresce como as canas
criadas soltas sem seu dono.
O mofo cobre a casa-grande
e a entorpece como um sono.

O mato solto e gota a gota
devolve os tijolos à terra.
Sem estilo, agora é de morte
a atmosfera antiga e de sesta.

Com mais álcool o dono do engenho
a todos os seus sobrevive.
Vende as terras e vai-se barbado
a um cemitério do Recife.

            **4.**
Anos depois, quando o engenho
é anônima terra de Usina,
baixa o circo nesse povoado
que já não tem quem antes tinha.

O circo também definhou:
está mais murcho o cogumelo
e suas mágicas de feira
já não possuem o mesmo apelo.

Os animais estão mais magros
como burrama num mau pasto
e os artistas que estão mais gordos
não estão nem assim mais sábios.

Se o circo parasse alguns dias,
se cada dia não viajasse,
teria ervas-de-passarinho
nas frestas do sujo velame.

5.
A moça, que esgotara todas
formas de fuga que tecia,
de viajar, de não ser a espera,
nas sestas vãs da camarinha,

viajara, não sabe por onde,
sabe que raro mais de um dia
dormira num mesmo povoado:
mas era o viajar que a cozia.

No circo, de tudo fizera,
foi de equilibrista a cantora;
o tempo é que a ia obrigando
a preferir tal arte a tal outra,

e agora, gorda e proprietária,
não equilibra, se equilibra,
não no arame, no tamborete
precário da bilheteria.

6.
Nem se lembra que foi dali
que levantou voo certo dia.
Também se lembrasse ou revisse
nada do de então acharia.

Veria horizontes de cana,
como os que vira em toda parte,
cana que após gastar o homem
dá-lhe a paz de sentir passar-se,

especial imagem do tempo,
que tem a missão assassina
mas que depois dilui no homem
a sensação de que se fina.

Talvez disso viveu fugindo,
do antigo engenho e seu bocejo:
não se detém quem sente o tempo
vivendo em cima de dois eixos.

# O "bicho"

Um prêmio fora oferecido
pela Rainha de Castela
a quem do salto de Colombo
em primeiro avistasse terra.

(E era justo: saltar no escuro
e de olhos cegos abre parênteses
fáceis de abrir, mas que fechar
é quem sabe? ou suicidamente.)

É coisa de saber da escola
que foi Juan Rodríguez Bermejo,
chamado Rodrigo de Triana,
nome do bairro de seu berço,

Triana que de toda Sevilha
foi o bairro mais marinheiro,
e onde ganhou em nome de rua
o que lhe roubaram em dinheiro.

*Colón*-Colombo, que Claudel
a ser Santo candidatou,
com o são caráter que lhe dão
(se o teve, dele pouco usou),

pois *San Cólon* (no então, dormia),
depois de embolsar mil mil vezes
os Grandes Prêmios, exigiu
que o "bicho" também fosse dele.

Foi assim que o Grande-Almirante,
Santo-Almirante, quando o elejam,
além de embolsar a fatura,
embolsou também a gorjeta.

O que não se aprende: Rodrigo
muda de roupa e aventurança:
veste mouro, despe uma igreja
de santidades tão tacanhas.

# História de mau caráter

A Faculdade de Direito
de Olinda, depois do Recife,
envolvia todos seus Lentes
de uma aura (a toga?) de Pontífice.

Então, ser Lente de Direito
é mais que ser Governador:
este só governa quatro anos,
e aquele é sempre e tem Doutor.

Uma vez, na vaga que abrira,
de um Direito que acaba em *al,*
o rico que a ela se apresenta
tem o pobre como rival.

Este, rato de livraria,
descobriu que a Ramiro Costa
recebera dois exemplares
do tratado de última moda.

Era um tratado italiano,
que a Itália então é o figurino,
e o pobre vendo como tê-lo
vê o rico pela rua vindo.

Para o adversário: "Fulano,
estamos de parabéns, ambos.
Ramiro tem dois exemplares
da bíblia do Grande Italiano.

Não comprei. Estou procurando
quem me empreste tanto dinheiro.
Mas vá comprar um deles. Homem,
é útil focinhar livreiros."

Na loja, na manhã seguinte,
já no sebo os tratados nossos,
diz-lhe o caixeiro: "Esgotou ontem.
Vendemos os dois a um só moço."

# Numa sessão do Grêmio

Sessão do Grêmio da ex-Capital.
Hora (são horas!) de anotar mortes.
O Tabelião, Imortal, soletra:
W.H. Auden.

Ninguém sabe quem, de onde vem.
Aceitam o voto e te aplaudem,
que é da morte ser celebrada,
W.H. Auden.

A nenhum grêmio como o nosso,
que assegura a imortalidade,
pertenceste, estás mesmo morto,
W.H. Auden.

Ao entrerriso dos Imortais
e ao descobrir que um Auden morre,
invejei-te a mortalidade,
W.H. Auden.

# Menino de três Engenhos

Lembro do Poço? Não me lembro?  *O Engenho Poço*
Que lembro do primeiro Engenho?

Não vejo onde começariam
a lembrança e as fotografias.

Rio? Um nome: o Tapacurá,
rio entre pedras, a assoviar,

e um dia quase me afogou:
lembro? ou alguém me contou?

Do Poço talvez lembre mesmo
é de um grande e geral bocejo

(ainda em mim, que ninguém podia
fazer dele fotografia).

Talvez lembre o ser-para-ruína,
do fornecedor, ser-para-a Usina,

que então tinha toda nas unhas
a várzea ex-Carneiro da Cunha.

Foi pouco tempo, mas é o Engenho           *Pacoval*
de que porém melhor me lembro.

Era engenho dos mais humildes
da vizinhança onde ele assiste.

A moita do Engenho, já morta,
(existia, ou é só na memória?)

amadurecia ao sol e à lua
as coxas secas, já de viúva.

Dos "Engenhos de minha infância",
onde a memória ainda me sangra,

preferi sempre *Pacoval*:
a pequena Casa-Grande de cal,

com telhados de telha-vã
e a bagaceira verde e chã

onde logo eu e meu irmão
fomos a um futebol pé no chão.

Em Dois Irmãos era outra a fala;      *Dois Irmãos*
aquele era um engenho de sala.

Mesmo sendo de fogo morto,
seu cerimonial já era outro.

Já se acordava de sapato,
não como em *Pacoval,* descalço.

A casa-grande, de fato grande,
se não histórica C.G. Grande,

tinha em si certa qualidade
ambígua de campo e cidade.

Mas com tudo isso era um engenho,
era engenho, mesmo não moendo,

e, mesmo se há de estar calçado,
o chão é de chão, não de asfalto.

Sim, se gastavam mais sapatos,
e as mulheres, dos de salto alto.

E veio em Trinta a "Salvadora",  *A "Salvadora"*
a primeira de muitas outras

que disse vir para salvar
e pôs-se a salvar seu salvar,

e salvar o salvar do salvar
até que o salvar foi enredar.

Doutor Luiz, de Dois Irmãos,
perrepista, a Revolução

tinha de começar por ele
a lançar, salvadora, a rede:

a redada não valeu o lance
(algum fuzil, alguma amante).

Mas Doutor Luiz, Melo Azedo,
foi devassado e, mesmo, preso.

Desgostado, ele esquece a Cana.
Vai politicar. Tem diploma.

# Episódio da Guerra Civil espanhola

          1.
É Alicante. E é a Guerra Civil.
A Espanha começa a encolher
sua pele de touro. É um rosário
de portos, onde recolher

a Espanha, contra a onda franquista,
estrangeira porém de dentro
para fora, e no mar de Homero
todo abrir os templos e o Vendo.

Há inda o farol de Madrid,
só de todo, como um farol:
Madrid, dessangrada de tudo,
acende com ruínas seu sol:

esse sol, porém, já começa
a mostrar que o fim do fogo é cinza:
não é já o de meio-dia, claro,
é sol que se requenta, à míngua.

2.

Rafael mais seu batalhão
marcham a Alicante, embarcar
para algum outro porto ou praia
do já fraco sistema solar.

Em Alicante todo que chega
vê a Espanha de mãos ao alto:
é engano, são os guindastes
ante o mar deserto de barcos.

Recebem os republicanos
mas sem baixar os braços feros:
não têm outros gestos os gigantes
senão a inteireza de ferro.

Nada podem eles fazer:
ainda é maior seu desespero;
serão guindastes para Franco
que, sabem, aperta seu cerco.

3.

Esses refugiados que esperam
do mar os prometidos barcos,
criam no porto, enquanto esperam,
se não cidade, novos bairros.

Não são tropa que se retira:
é a retirada de províncias
que creem que o mar é outra Mancha
e que o horizonte, outra Castilha.

O país interior vai-se ao mar.
Não para fugir, querem ilha:
onde bebês, bichos, trapos sujos,
refaçam, pobre, uma família.

Mas do mar os barcos não chegam:
chegam os franquistas nas colinas,
e no ar mais perto das fogueiras,
o ser-contra espanhol se afirma.

4.

Já esgotados de ler, reler
a linha desse mar por onde,
e de insultar-se, discutindo,
onde os franquistas, em que monte,

uma morna imobilidade
cai, ou sobe: de onde o mormaço?
em soldados de linha, famílias,
e o pouco que trazem e é de aço.

Por trás da espera há sempre a morte.
Morte há na sala do dentista.
Há uma morte densa, nessa hora,
que vai da fixada à cumprida.

Nunca esperar foi tanto a morte,
entre o mar vazio e as colinas,
entre o não vir de um lado, e do outro
a execução que se aproxima.

# Brasil 4 x Argentina 0

*(Guayaquil 1981)*

Quebraram a chave da gaiola
e os quadros-negros da escola.

Rebentaram enfim as grades
que os prendiam todas as tardes.

Nos fugitivos, é a surpresa,
vendo que tomaram-se as rédeas

(dos técnicos mudos, mas surpresos,
brancos, no banco, com medo).

Estão presos os da outra gaiola,
que não souberam abrir a porta:

ou não o puderam, contra o jogo
dos que estavam de fora, soltos.

Decerto também são capazes
de idênticas libertinagens

uma vez soltos, porém como
se liberar daquele tronco

em que os aprisionaram os táticos
argentinos, também gramáticos.

E enquanto os fugitivos seguem
com a soltura, a sem lei que os rege,

nos bancos é uma a indignação:
dos que vão vencendo e dos que não:

"Voltamos ao futebol de ontem?
Voltou a ser um jogo dos onze?

Voltou a ser jogo de peões?
Chegam aqui as subversões?

Como é possível haver xadrez?
Sem gramática, bispos, reis?"

# Antônio Silvino no Engenho Poço

Meu avô, varanda do Poço,
passeia calmo seu almoço.
No revezo, em frente da casa,
para uma burra ajaezada:
"Falo ao seu Doutor João de Melo?
Muito prazer em conhecê-lo.
Conheço sua irmã, Dona Bela,
que lhe lembra lembranças dela.
Todos no Ingá do Bacamarte
estavam bem, até duas tardes.
Na Serra Verde é muita a seca
que ao Mojeiro nunca que desça!"
Uma pausa. Parou de dizer.
Mas a pausa não tem por quê.
Se sente sua hesitação
planando no ar, como gavião.
Enfim, toca burra s'embora:
"É esse o caminho para a Glória?"
O "Diário", à noite no engenho,
contara que um novo Sargento,
o bando inteiro dispersou;
Silvino em fuga viaja só.
João de Melo chama: "Marocas,

sabe quem veio aqui agora?
Antônio Silvino: ia sozinho,
sem mesmo o pajem de um menino.
Não tinha mesmo um guarda-sol.
Mas na garganta tinha o nó
de quem quer pedir uma coisa
mas se afoga nela, e não ousa.
Falou pouco, deu novas de Bela,
como se mandado por ela.
Viria à procura de um coito
nas capoeiras fundas do Poço?
Mas o que o terá impedido
de me fazer qualquer pedido?
Minha barba? Será que a barba
dá a quem, mau caráter de praça?
Meu 'Doutor'? Quem nesse arredor
não tem um diploma que expor?
De gosto, o haveria atendido.
Ele não é um simples bandido.
E repugna-me sabê-lo caça
da polícia que não o faz de graça."

# A múmia

Na Capelinha da Jaqueira
uma múmia sobrevivera.

A de Bento José da Costa
ou de alguma amante preposta?

Ela não fazia fantasma:
era mais bem alma gorada,

ovo encruado, infermentação,
que nunca pode assombração.

Caminho do Campo do América
se ensaiavam dribles em sua pedra.

Se imitavam chutes sem bola
na pedra anônima em que mora.

E, fosse de dia ou de noite,
nunca foi de acenar a foice,

nem com gesto armado de morte
acenar-se sequer, de chofre.

★

Na Capelinha da Jaqueira,
a múmia, amiga e companheira,

punha-se acima de quem joga:
nunca envergou a negra toga,

ridícula, de juiz de futebol,
de calças curtas como um sol

castrado, já antes do apito
epilético; é Meritíssimo.

★

Talvez porque a múmia era cega?
Nunca ela torceu pelo América.

Também nunca acendemos vela
para que ela, com suas trelas,

driblasse a defesa contrária,
o juiz, e até as arquibancadas,

e entrasse só no gol do Esporte,
num "gol de chapéu", como a Morte.

# Beco da Facada

               1.
No escuro Beco da Facada
(por que tal nome se ignorava,

mas porque tão pernambucano
era sem porquês, sem quandos)

nunca viu-se alma do outro mundo:
mas o medo armado no punho,

se andava o beco longo e escuro,
o mais arredado dos muros.

Sentia, mais que numa rua,
numa emboscada Um se aventura,

onde faca que não se via
retesa a noite e a faz mais fria.

Mas faca só tinha no nome:
nunca se vira sangue de homem

derramado entre as ricas chácaras
que de cada lado ladravam.

2.
"Da facada", dizia a placa.
Portanto, nele, andou uma faca.

O nome não era anedota:
alguma faca ali voou, solta.

Cada antigo sabia o que houve,
que um outro qual a crer negou-se.

A forma exata "da facada"
dava lugar a versões mais vagas,

que como fungos, cogumelos
brotassem na noite do beco,

distintas em tudo, senão
em que havia faca em ação.

(Certa noite, naquele beco,
de facas se voando, no medo,

apesar do silêncio de faca,
Um assassinou Outro, a bala.)

# Porto dos Cavalos

De Santana de Dentro à curva
da "Padaria seu Castor",
o Capibaribe é mais íntimo:
cão que me segue sem temor.

Havia oitizeiros (cortados),
as casas de tios passados;
há o muro secreto da Roda,
como a caridade, caiado.

Depois, o Porto dos Cavalos,
de nome gratuito ou perdido:
é ali que o rio se remansa
e em sesta fala a seu amigo.

Esse amigo que ele escolheu
entre meus irmãos e meus primos,
talvez porque, menos falante,
menos que falar, era de ouvidos.

Ou talvez porque no menino
sentisse o amigo-inimigo,
o que entende o que você diz,
mas que o diz outro, noutro ritmo;

seja o que seja, no remanso
que há pelo Porto dos Cavalos,
o Capibaribe, em silêncio
(pouco ele foi de sobressaltos),

o Capibaribe repete
o que diz e contei no *Rio*,
e mais de uma vez repeti
em poemas de alguns outros livros.

Me diz de viés, não me diz:
sua voz são os cheiros que lembram,
como Combray regressa a Proust
quando o convoca a "madalena".

# Cenas da vida de Joaquim Cardozo

*A tragédia grega e o mar do Nordeste*

Chega o Nordeste de setembro:
O inverno se foi, com seus ventos.
Tinham voz própria, me dizia:
com as ondas longo discutiam.

Com o inverno, acaba a temporada
de teatro, a que ele não faltava,
quando ainda engenheiro de campo
arma, à noite, a tenda de pano.

Dizia ouvir, marés inteiras,
diálogos de tragédia grega:
o vento e o mar se apostrofavam
com vozes aos berros, de raiva,

e com tal raiva, com tal nervo,
que dispensava ler o texto.
Dizia sentir o tremendo
da tragédia, seu argumento,

a que o murmurar dos coqueiros
fazia o coro lastimeiro.
Na maré alta, o pleito sobe,
na maré baixa, baixa e morre.

O teatro desses personagens
que entoavam vozes sem face
pensava algum dia escrever,
dando ao som um texto que ler.

Seguiria seu ritmo, enchendo-o,
subindo e caindo no silêncio.
Não é essa a curva das estórias?
Não é esse o trajeto da História?

(Não soube se escreveu tais peças.
Talvez, pensando melhor nelas,
achasse ocioso pôr palavras
em formas vazias tão claras.)

*Um poema sempre se fazendo*

Muito embora sua obra pequena,
vivia escrevendo-se um poema:
não no papel, mas na memória,
um papel de pouca demora.

Na memória, é fácil compor
todo o dia, seja onde for:
sentado, escritor, numa mesa,
ou andando, entre a angústia e a pressa

de uma cidade que abalroa,
que exige de quem anda proa,
onde quem anda entre choques
ou se esgueira como quem foge.

Cardozo levava seu poema:
a poesia não leva a pena
de fazê-la, a pena é abstrata,
é o fazer, re-fazer, guardá-la.

E nele vai sem romantismos:
nem o de vir de paroxismos
nem o mais de moda e moderno,
de escalar fingidos infernos.

Ele vivia com seu poema
como outros vivem com sua crença:
a dele é o poema do momento,
que leva sem mudar de gênio.

No Recife, em todas as horas,
no Rio, quem melhor o ignora,
eis como escrevia, me disse,
o poeta que fez o Recife.

Assim, não deu trabalho aos prelos:
se sequer cuida de escrevê-los!
Se só se alguém lhe pede um poema
escreve algum que ainda lembra!

*O exilado indiferente*

A esse recifense de praias
obrigam-no a deixar seu mapa:
outro pernambucano, truão,
(nada é do grego Agamenão)

disse que o não queria mais
no espaço de que é capataz.
Sequestram-no amizades boas,
às carreiras, para as Alagoas

e, dos Maceiós, num navio
vem viver federal, no exílio
(que ele habitaria sem queixa,
nunca de camarinha e mesa).

De calça e paletó de amianto,
ei-lo entre os cantados encantos,
sem sentir que esse mar que o cerne
é o Atlântico do Nordeste:

de Guarabira, Pirangi,
Carne de Vaca, Serrambi.
Recifense, a um cria de engenho,
ditou as canas de seu tempo,

e impaciente, a um mestre de obras,
que espera a planta há mais de uma hora,
enquanto diz das sutilezas
da poesia e escrita chinesas:

"Qual, é inconcebível, meu caro,
no Rio, onde o último é o trabalho,
você quer preceder à antiga
conversa de China e poesia."

Não canavieiro pernambucano,
abria exceção para Campos.
É em Campos que Maria Luísa
e ele ouvem a chuva, sem camisa.

*Viagem à Europa e depois*

Antes da Guerra, fora à Europa.
Bebeu-a até a última hora.
Por cá, a poesia é sempre o dengue
do falso índio, homossensualmente.

No Nordeste, Freyre e a reação
para trazer a bola ao chão.
Mas é coisa de romancista,
não de política, polícia.

Volta da Europa ao "Lafaiete",
como se inda ontem lá estivesse.
Escreveu três poemas na Europa:
dois se apagaram na memória.

Compõe alguns poemas, ainda,
mas quase todos viram cinza,
porque, completados, ninguém
colhe da memória onde os tem.

Eis talvez o melhor momento
para ele, de seu desempenho:
a Polícia, na mira, o tem;
mas no "Lafaiete" entretém,

e, enquanto entretém, entretece,
em sinal mais, quem lá aparece:
é sem pregação, manifesto
(e o gesto só o vê quem de perto);

sabe o gesto sábio e ambíguo:
é sempre com o mesmo sorriso
que devolve o mau poema-sim
e o fascista-sim porque sim.

Assim viveu até que o Truão.
Até que Oscar pôs-lhe nas mãos
botar Brasília em pé. Qual a moeda?
Deu-nos um novo Frei Caneca.

# A morte de "Gallito"

Quis tourear muito de perto
um touro míope (*burriciego*),

sem conseguir nele mandar,
fazê-lo investir, arrancar.

Cansado, se afasta do touro.
("Fazê-lo touro não posso.")

Mas o touro de longe o vê,
e o investe com todos os pés,

José o sente, estende a "muleta",
para desviá-lo de sua meta;

o touro não a vê, já está perto,
vai no que vira, o talhe esbelto.

Ele tinha tal sabedoria
que seu toureiro era geometria,

e sabia tudo dos touros,
de seus defeitos, de seus gostos.

Surpreende então a Espanha toda,
já em bombas, a maior bomba:
"A José, e há quem não creia,
"matou um touro em Talavera."

SEVILHA ANDANDO
(1987-1993)

*Para Marly*

"*En el cielo que pisan las sevillanas...*"
(Popular sevilhano)

# A sevilhana que não se sabia

Quando queria dá-la a ver
ou queria dá-la a se ver,

ei-lo então incapaz de todo:
nada sabe dizer de novo.

Só reencontra as coisas ditas
e que ainda diz de Sevilha.

Sua alegria nem sempre alegre
porque há nela dupla febre:

a febre sem patologia
que lhe enfebrece até a gíria,

que tanto informa sua festa
e a alma em chispa detrás dela;

e a outra febre, a da doença,
da pobreza da Macarena,

dos operários sem semana
e dos ciganos de Triana:

a febre antiga e popular
que o mundo um dia há de curar

e nada tem com a febre que arde
no que é Sevilha e suas Carmens.

2

De uma Sevilha tem pudor:
de onde nos balcões tanta flor,

de onde as casas de cor, caiadas
cada ano em cores papagaias,

que fazem cada rua uma festa
que a sevilhana sem modéstia

passeia como em sala sua,
multivestida porém nua,

dessa nudez sob mil refolhos
que só se expressa pelos olhos.

Por ela anda a sevilhana
como andaria qualquer chama,

a chama que reencontro negra
e elétrica, da cabeleira,

chama morena e petulante
dela e da sevilhana andante,

ambas em espiga a cabeça,
num desafio a quem que seja,

e pisando esbeltas no chão,
ambas, num andar de afirmação.

3

Pois não quis viver em Sevilha
que é de onde ela não se sabia,

descrente da antropologia
que lhe nega a genealogia:

mas sevilhana nela toda,
como se naufragada forma

viesse a encalhar por engano
nas praias do Espírito Santo.

Donde o pé atrás contra Sevilha?
Crê que é só bulha, *bulerías*?

Sevilha é mais da *siguiriya*,
que é a castelhana *seguidilla*

que o cigano prende no tanque
de seu silêncio, e fez em *cante*,

e que a cigana faz em dança,
centrada em si como uma planta.

São em Sevilha as *glorietas*,
essas praças de bolso, feitas

para se ir escutar o tempo
desfiar carretéis de silêncio.

4

Para convencer a sevilhana
surpreendida por estas bandas

quis dar-lhe a ver em assonantes
o que ambas têm de semelhante.

Mas para sua confusão
o que escreveu até então

de Sevilha, de sua mulher,
de suas ruas, de seu ser

(que Sevilha, se há de entender
é toda uma forma de ser),

o que escreveu até então
se revelou premonição:

a sevilhana que é campista
já vem nos poemas de Sevilha,

e vem neles tão antevista
que em Sobrenatural creria

(não fosse ele homem do Nordeste
onde tal Senhor só aparece

com santas, sádicas esponjas
para enxugar riachos e sombras).

# Meu álcool

Marques Rebelo garantia
que bêbado era quem bebia
por se inventar duplo motivo:
sentir-se invivo ou sobrevivo.

Querer-se lúcido, acordar,
ser todo o agudo que nele há,
ser quando está de todo aceso,
tem o ser na ponta dos dedos.

Ou estar num ser tão extreme
que ser é insuportavelmente,
que ser é estar-se num incêndio
e sentir-se esse incêndio sendo.

Por isso é que o bêbado bebe:
porque triste quer ser alegre,
e bebe porque chega a demais
a alegria de que ele é capaz.

2

Um pôde achar álcool melhor,
não tóxico, sem qualquer depois,
um álcool que não tem veneno
nem contém amanhãs de inferno.

Que, se é preciso, apaga o incêndio
e, se é preciso, vem e acende-o;
um álcool que possui duas pontas,
que age a favor como age contra,

nem precisa que alguém lhe diga
quando dar mais ou menos vida
(como lâmpada do escritor russo,
põe o quarto aceso ou escuro).

Mais: que não se bebe, contempla;
é um álcool para a convivência,
álcool que dá a chama e o sopro
com tê-lo ao alcance do corpo.

### 3
Esse álcool não é de vender:
ninguém engarrafou um ser.
É álcool sem quandos, sem ondes,
de perto, ou pelo telefone.

Vê-lo e usá-lo foi de imediato:
depois de álcoois mais variados,
da familiar cana de cana
de suas várzeas pernambucanas,

viajou por outros tão diversos
(os de Appolinaire, o dos versos)
que até empregou como bebida
o fluido ambíguo de Sevilha.

E de nenhum deles renega:
nem das úlceras que eles legam
nem da intestina hemorragia
em hospitais ao fio da vida.

       4
Se a um novo álcool se entregou,
se o vê como o álcool superior,
não foi por causa de conselho,
prescrição de médico, ou medo.

É que no novo álcool de agora
pode alcançar mais alta quota
de álcool na vida, e é mais contínua
a vida que acende, e seu clima:

um clima mais claro, e tão limpo
como toalha ou lençol de linho,
e ao mesmo tempo tão intenso
de um ser vivo vivendo pleno.

(E isso, só, com a convivência
de mulher, com a nua presença
de mulher, que como Sevilha
é interna-externa, é noitedia.)

# É demais o símile

Não há sentido em comparar-te
a uma sevilhana, antes calar-se:
o texto não avança, pousa,
estagna, marca passo, é poça.

Mais que de Sevilha, és Sevilha,
embora cem papéis desmintam,
que vieste ancorar em Campos
desde Trás-os-Montes e a Itália.

Fé consular há de aceitar-se;
nem penso ter havido fraude.
Porém que tu vens de Sevilha
é tal verdade para a vista,

que uma hipótese de trabalho
poderia tentar um sábio:
com genovesa e trasmontino
tentar na proveta esse fino

que só se encontra por Sevilha,
que mais que cidade é uma ilha,
e que uma outra espécie humana
soube criar-se em sua chama.

Assim, não há nenhum sentido
em usar o "como" contigo:
és sevilhana, não és "como a",
és Sevilha, não só sua sombra.

Pumarejo, a Alameda de Hércules,
a Campana ou a *calle* Sierpes,
o *Arenal*, onde a Torre do Ouro,
a *Maestranza* e o sangue dos touros

não são "como" Sevilha, são
a cidade criada do chão
que tem o clima que é mister
à mulher para ser mais mulher.

# A barcaça

Ele embarcou numa mulher
(Um dia, foi numa cidade:
a vida cigana de então
pedia porto onde ancorasse.

Em Sevilha matriculou-se:
se nele é meteco, ninguém
habitou mais fundo esse porto
nem o soube do quê ao quem).

Hoje embarcou numa mulher.
Recifense, ele a chama barcaça,
que é o barco mais feminino,
é mulher feita barco e casa.

Mas nunca fez por anular
o registro da barca antiga:
na barcaça pernambucana
na proa se lê "Sevilha".

E nela embarcou sem querer
saber o que fazem com ela:
já se carrega pouco açúcar
nas barcaças fêmeas, a vela.

Que importa se vai Norte ou Sul?
Se vai a Goiana ou Barreiros?
Tem o registro de Sevilha
e é sem timão, sem timoneiro.

# Viver Sevilha

### 1
Se dá voltas a uma escultura,
o corpo é que a envolve, livre;
se penetra em qualquer pintura
como janela que se abrisse;

se pode boiar numa música,
nos pauis doentes de que consiste;
se pode ir em fins de semana
a romances que tenham o "habite-se".

### 2
Mas só a arquitetura é total,
não virtual, ao corpo que a vive,
ainda mais se essa arquitetura
numa cidade se urbanize;

como em Sevilha, a mais regaço
de toda cidade que existe,
pois nela vamos e nos vai,
num vai e vem que é ir-se e vir-se.

3
Só em Sevilha o corpo está
com todos os sentidos em riste,
sentidos que nem se sabia,
antes de andá-la, que existissem;

sentidos que fundam num só:
viver num só o que nos vive,
que nos dá a mulher de Sevilha
e a cidade ou concha em que vive.

4
Uma mulher sei, que não é
de Sevilha nem tem lá raízes,
que sequer visitou Sevilha
e que talvez nunca a visite,

mas que é dentro e fora Sevilha,
toda a mulher que ela é, já disse,
Sevilha de existência fêmea,
a que o mundo se sevilhize.

# Verão de Sevilha

Verão, o centro de Sevilha
se cobre de toldos de lona,
para que a aguda luz sevilha
seja mais amável nas pontas,

e nele possa o sevilhano,
coado o sol cru, ter a sombra
onde conversar de *flamenco,*
de olivais, de touros, donas,

e encontra a atmosfera de pátio,
o fresco interior de concha,
todo o aconchego e acolhimento
das praças fêmeas e recônditas.

Comigo tenho agora o abrigo,
a sombra fresca dessas lonas:
eu os reencontrei, esses toldos,
nos lençóis que hoje nos enfronham.

# O segredo de Sevilha

De Joaquim Romero Murube
ouvi certa vez: "De Sevilha
ninguém jamais disse tudo.
Mas espero dizê-lo um dia."

Morreste sem haver podido
a prosa daquele projeto;
Sevilha é um estado de ser,
menos que a prosa pede o verso.

Caro amigo Joaquim Romero,
nem andaluz eu sou sequer,
mas digo: o tudo de Sevilha
está no andar de sua mulher.

E às vezes, raro, trai Sevillha:
pude encontrá-lo muito longe,
no andar de uma não sevilhana,
o tudo que buscas. Ainda? Onde?

# Cidade de nervos

Qual o segredo de Sevilha?
Saber existir nos extremos
como levando dentro a brasa
que se reacende a qualquer tempo.

Tem a tessitura da carne
na matéria de suas paredes,
boa ao corpo que a acaricia:
que é feminina sua epiderme.

E tem o esqueleto, essencial
a um poema ou um corpo elegante,
sem o qual sempre se deforma
tudo o que é só de carne e sangue.

Mas o esqueleto não pode,
ele que é rígido e de gesso,
reacender a brasa que tem dentro:
Sevilha é mais que tudo, nervo.

# Sevilha em casa

Tenho Sevilha em minha casa.
Não sou eu que está *chez* Sevilha.
É Sevilha em mim, minha sala.
Sevilha e tudo o que ela afia.

Sevilha veio a Pernambuco
porque Aloísio lhe dizia
que o Capibaribe e o Guadalquivir
são de uma só maçonaria.

Eis que agora Sevilha cobra
onde a irmandade que haveria:
faço vir às pressas ao Porto
sevilhana além de Sevilha.

Sevilhana que além do Atlântico
vivia o trópico na sombra,
fugindo os sóis Copacabana
trás grossas cortinas de lona.

# Sevilha andando

Só com andar pode trazer
a atmosfera Sevilha, cítrea,
o formigueiro em festa
que faz o vivo de Sevilha.

Ela caminha qualquer onde
como se andasse por Sevilha.
Andaria até mesmo o inferno
em mulher da *Panadería*.

Uma mulher que sabe ser
mulher e centro do ao redor,
capaz de na *calle* Regina
ou até num claustro ser o sol.

Uma mulher que sabe ser-se
e ser Sevilha, ser sol, desafia
o ao redor, e faz do ao redor
astros de sua astronomia.

# Na cidade do Porto

Numa dessas tardes vazias,
em que só se está, não se vive,
da janela que dá para a rua,
comercial, consular e triste,

vi passar, entre as que passavam,
uma mulher de andar sevilha:
o esbelto pisar decidido
que carrega a cabeça erguida,

cabeça que é, soberana,
de quando a espiga mais se espiga,
que carrega como uma chama
negra, e apesar disso acendida,

que a mulher dali não conhece:
que é a da mulher da *calle* Feria,
que é onde as mulheres da plebe
passam com porte de duquesas.

# A sevilhana que é de Córdoba

Essa sevilhana de fora
tem outra dimensão por dentro.
Não é sevilhana, é cordobesa,
cidade de imóvel silêncio.

Bem cordobês foi "Lagartijo",
foram "Guerrita" e "Manolete"
que toureavam como Sêneca,
cordobês, tinha o pensamento.

Podia ser de Santa Marina,
ou nascer na Praça do Potro,
em qualquer dos bairros de Córdoba,
de atmosfera funda de poço.

Não sei por onde nasceu Sêneca,
em que bairro, em que quarteirão,
mas vi tourear "Manolete",
sua severa resignação.

A sevilhana que é de Córdoba
dos toureiros não teve a lição,
mas aprendeu em Sêneca mesmo
o rigor denso da expressão.

Sevilha e Córdoba: Andaluzia
que se expressa por fora ou é dentro,
como a sevilhana de quem falo,
cujo andaluzismo eu me invento.

# As *plazoletas*

Quem fez Sevilha a fez para o homem,
sem estentóricas paisagens.
Para que o homem nela habitasse,
não os turistas, de passagem.

E, claro, se a fez para o homem,
fê-la cidade feminina,
com dimensões acolhimentos,
que se espera de coxas íntimas.

Para a mulher: para que aprenda,
fez escolas de espaço, dentros,
pequenas praças, *plazoletas,*
quase do tamanho de um lenço.

# Sevilha de bolso

Carregamos Sevilha, os dois,
quem foi e quem lá nunca foi.

Sevilha é como uma atmosfera
que nos envolve, onde que seja,

que levamos onde que formos
e que cria para mim um entorno

que é Sevilha, e se sou que a levo
sei que és tu o próprio amuleto,

que onde quer que estejamos sozinhos
nos traz Sevilha, seu dentro íntimo,

de uma casa que vai comigo
e que invoco quando é preciso.

Então, muda todo o ambiente,
eis-nos em Sevilha, de repente,

em nosso a dois e até ouço fora
sua formigagem rumorosa.

# Mulher da *Panadería*

Se viver-te será curto,
como pequena é Sevilha,
que viver-te seja intenso
carregado qual nova pilha,
que pises como em Sevilha:
levando a cabeça no alto,
e esbelta que desafia,
que sabe andar qualquer chão
em mulher da *Panadería*.

# Sol negro

Acordar é voltar a ser,
re-acender num escuro cúbico;
e os primeiros passos que dou
em meu re-ser são inseguros.

Re-ser em tal escuridão
é como navegar sem bússola.
Eu a tenho, ali, a meu lado,
num sol negro de massa escura:

que é a de tua cabeleira,
farol às avessas, sem luz,
e que me orienta a consciência
com a luz cigana que reluz.

# Sevilha ao telefone

Falo a Sevilha: ao telefone.
Ela, a qualquer hora do dia.
Falo até quando ocupado,
e está quase sempre Sevilha.

Falo mesmo quando ela dorme
(ah! poder despertar Sevilha!),
porque sei sempre quem está
no extremo da linha vazia:

é um vazio vivo, habitado
por todo o zumbir que é Sevilha,
mesmo dormida de todo:
o que é muito pouco por dia.

Ligo o telefone e espero:
melhor se não o atendessem.
Então, é o respirar recado:
fala-me dormindo, e entendo

e me diz tudo o que acordada
por puro pudor não diria:
"Não imagines que sou menos
porque agora estou dormida;

tanto dormindo entre lençóis,
ou no telefone abstraída,
te respondo em mulher inteira,
mais que qualquer outra, Sevilha."

# Sistema solar

Porque o pequeno
que leva em si mesmo
o confuso em volta,
que nos formigueira,

porque o pequeno
de cabelos pretos
corpo sevilhano,
andaluz, branco e negro,

tem o dom de fazer-se
onde que esteja dentro
com que tudo ao redor
aceite-o como centro

de um sistema solar
que se cria à volta
de seu ser tão denso,
como num templo a hóstia.

# Lições de Sevilha

Tenho Sevilha em minha cama,
eis que Sevilha se fez carne,
eis-me habitando Sevilha
como é impossível de habitar-se.

Nada há em volta que me lembre
a Sevilha cartão-postal,
a que é turístico-anedótica,
a que é museu e catedral.

Esta é a Sevilha trianera,
Sevilha fundo de quintal,
Sevilha de lençol secando,
a que é corriqueira e normal.

É a Sevilha que há nos seus poços,
se há poço ou não, pouco importa;
a Sevilha que dá às sevilhanas
lições de Sevilha, de fora.

# Mulher cidade

Andar por Sevilha
é o perfeito andar
que, da *calle* Sierpes
pela de Guzmán,

esquece os nomes
das ruas iguais
no seu ser estreito
e erva nos beirais,

até encontrarmos
a rua sem nome
que é Sevilha toda
e que é onde o homem

nunca saberá
se vive a cidade
ou a mulher melhor
sua mulheridade.

# Retrato

Passa que a mulher é andaluza:
embora nascida noutras ruas,

de outras raças, de outro país
só Andaluzia, de matiz;

tem da andaluza a intensidade
de, sendo pequena, expressar-se

no calor que às vezes acende
e acende o que lhe está rente.

E passa que nunca é prolixa,
a intensidade é que está viva.

A intensidade sevilhana:
expressão de cidade plana,

sem montanhas nos arredores,
sem arranha-céus, gritos, odes,

cidade toda em canto-chão,
limpa e varrida até o não.

Numa cidade tal Sevilha
só pode dar-se a não prolixa,

a que prefere a linha pura:
nela lhe basta o que é nervura;

a boa expressão de sua chama
é o nu vivo e extremo da lâmina,

o extremo de ser que cultiva,
cujo expressar-se é em carne viva.

# Poema

Contigo hoje filei
o incompleto amor
(pois sem Pumarejo
nem o Salvador),

um amor andamos
em ruas de agora,
em que eu tinha de pôr
a parte memória,

sem poder fazer-te
sentir só de vista
o amor que resuma
toda qualquer Sevilha,

não foi amor menor
— embora incompleto —
em que só de um lado
se deu o concreto.

# Ainda Sevilha ao telefone

Quando pelo telefone
quero falar com Sevilha
e Sevilha, por acaso,
está no instante dormida,

deixo aberto o telefone
à concha de voz vazia:
ouço então no telefone,
como relógio com vida,

toda uma vida passar
como o ácido vivo de ginja.
Ninguém fala ao telefone,
mas há pulsação longínqua;

onde há um pregão de tudo,
onde há pragas de vizinhas,
e se ouve o arfar de cidade
que sabe dormir feminina.

# Cidade viva

Sevilha é uma cidade viva
como a sevilhana que a habita,

e que, andando, faz andar
tudo o por onde ela passar.

Seja a estreita *calle* Regina
ou a San Luís, na Macarena,

há momentos em que não se sabe
o que é passar e o que é passar-se.

Ora, vi que Sevilha andava
ou fazia andar quem a andasse.

Quem me mostrou foi a mulher
que sem a conhecer sequer

é em tudo tão sevilhana
no ser e no modo com que anda,

que leva consigo Sevilha
e a traz ao ambiente que habita.

# Sevilhana pintada em Brasília

Passou que um pintor de Brasília
quis retratar quem não media,

a mulher que tem da cigana
que permeia Sevilha, Triana;

não viu que sua mão prolixa
era incapaz da linha estrita,

nem que para captar o essencial
melhor que o pincel é o punhal.

Assim, solta a mão, adoidada
a ver se na confusão capta,

pintando como em loteria
a ver se dá com o bicho do dia,

se uma das dez mil linhas
consegue ser a única linha

que enfim pudesse dar a ver
a nitidez cristal da mulher.

★

Decerto, o pintor de Brasília
nada sabia de Sevilha,

muito menos que toda a graça
está só num traço que a traça.

Sentiu o intenso do modelo,
mas, como não soube contê-lo,

tentou pintá-lo em explosão,
no sujo e amorfo de um vulcão.

★

Dar a ver a graça andaluza,
que, sem parecer, é profunda

é mister a linha escorreita,
limpa, cicatriz de peixeira,

lacônica como a do punhal
do Pajeú, fundo e mortal,

que vai ao mais fundo, à raiz
sem derrame e sem cicatriz.

# O *aire* de Sevilha

Mal cantei teu ser e teu canto
enquanto te estive, dez anos.

Cantaste em mim e ainda tanto
cantas em mim teus dois mil anos.

Agora há um cantar diferente
declanchado como a *madeleine*

de Proust, que precipitava
a vida que já não lembrava.

Essa *madeleine* à mão está
e não depende mais do chá

que lhe servia certos dias
a certo menino uma tia,

nem como o chão tropeçante
do pátio da Casa Guermantes:

tenho-o comigo todo o dia,
hoje o que é o *aire* de Sevilha.

# Sal interior

É que a pimenta do sal
só vem dessa claridade
das salinas que suam
pela baía de Cádiz?

Não viria ela também
de certo fundo, de um núcleo
que no fundo finge a luz
e traz no dia o escuro?

# Despertar com sevilhana

Toda a gente tem um sol
ácido pelas janelas,
tenham persianas, cortinas,
ele se infiltra apesar delas.

Ele tem sol mais solar
que também fere a retina,
mas é doce como a noite
de onde como que não vinha.

É um sol negro que o acorda
sem ferir, como às avessas,
mas é sol, cada manhã,
e tem dele a cabeleira.

# Sevilha revisitada em 1992

Ele foi visitar Sevilha
levando Sevilha consigo;
assim não teve de a levar
à Sevilha do tempo já lido.

Não foi por temer re-encontrá-la
dilacerada em avenidas
nem temer os mil automóveis
que formigueiram hoje Sevilha.

Tinha consigo a intimidade
que de Sevilha faz mulher
toda a que ela tem de Sevilha:
pois passeá-la não é mister.

Porque nesse quarto de hotel
— que é o que de menos sevilhano —
tinha-a entre quatro paredes
como se estivesse Sevilha andando.

# Oásis em Sevilha

Dentro dele viviam os dois,
lá fora Sevilha vivia
no formigueiro de gente
que é qualquer rua de Sevilha,

que é religiosa e pagã,
que faz o sinal da cruz
frente a um bordel ou um banco
se monumental e com luz.

Mas Sevilha é capaz de oásis,
como o oásis daquele quarto;
Sevilha fervia ao redor,
mas dentro seu melhor retrato.

# Presença de Sevilha

Cantei mal teu ser e teu canto
enquanto te estive, dez anos;
cantaste em mim e ainda tanto,
cantas em mim teus dois mil anos.
Cantas em mim agora quando
ausente, de vez, de teus quantos,
tenho comigo um ser e estando
que é toda Sevilha caminhando.

# Andando Sevilha
# (1987-1989)

*"Quién no vió a Sevilla*
*no vió maravilla..."*
(Popular Espanhol)

# Semana Santa

É Semana Santa em Sevilha.
As procissões são todo dia.
Como os clubes têm suas cores,
seus bairros: são as Confrarias.

Vêm duas filas de penitentes
(rosários levando rosários),
cada uma com o andor de seu Cristo,
já cinquentão, crucificado.

O sevilhano o olha da porta
do bar, e pensa: "Pobre homem,
em que enrascada se meteu",
e volta ao bar onde consome.

Depois de um outro rosário
de encapuzados, vem a Virgem:
cada sevilhano tem a sua,
amante ideal com quem vive.

Elas parecem ter vinte anos,
filhas, mais do que mães do Cristo
que vão seguindo até o Calvário:
choram em diamantes festivos.

Depois uma banda de música,
só de tambores e cornetas,
que é quando alguém, porque devoto,
ou famoso, lhe canta por *saetas*.

Cada qual pertence a uma Virgem,
defende-a como um torcedor;
cada Virgem tem seu partido,
como um clube de futebol.

Delas discutem os milagres,
o valor das joias que têm,
mas a virtude principal
é saber qual é mais mulher.

O sevilhano vai ao bar
ver passar as virgens rivais.
Não se sabe é que, encapuzado,
de vela na mão, segue a sua.

# Touro andaluz

Há um momento na *corrida*
em que o espectador também *lida*.

Quem nos *palcos*, quem nos *tendidos*,
quem no *sol,* quem na *sombra* rica,

esquece quem, de ouro ou de prata,
ali está a fazer sua faina.

Surge o touro de cabeça alta,
seu desafio é a toda a praça.

Corre em volta, querendo ver
quem com ele vai-se entender;

se essa alta cabeça que leva
há alguém que a baixar se atreva.

Depois, se campa, o olhar derrama,
olhar de carvão, brasa, drama,

chama que dá um calafrio
mesmo em quem mais longe do risco.

(Até o momento em que os toureiros
canalizam seu ímpeto cego,

se apoderam dele: e o calafrio
muda de curso, como um rio.)

# No Círculo de *Labradores*

No Círculo de *Labradores*,
*ventanais* sobre a *calle* Sierpes,
entre *señoritos* velhinhos
cujos olhos nunca envelhecem,

em cadeiras de sentar às avessas,
via a leiga e civil procissão
que ali passa todas as tardes
e que é sem mão nem contramão.

Lidos os jornais estrangeiros,
que o clube assinava e ninguém lia,
depois de saber de Lisboa,
de Paris, de Londres, da Suíça,

a Europa e suas quentes intrigas
viravam notícias insossas
ao sal do estilo dos velhinhos
ao passar de uma *buena moza*.

# Os turistas

Nos revoos de tua saia
que te despia e vestia,
tu te davas e não te davas,
tu eras de mentira e ambígua.

Com os revoos de tua saia,
que poucos compreendiam,
que tu te ofereces pensava
toda a estrangeira maioria

que vem turista à Espanha
e sobretudo à Andaluzia,
fugir das catedrais, museus
que guardaram em fotografias.

A meia-idade americana
que sem pretender galvanizas
com a inocência maliciosa
de alguém que convidaria.

"Olha que cordeiros tão tristes
voltam aos hotéis os turistas;
vão como alguém que é recusado
de uma casa de *mala vida*.

Uns se vingarão na mulher
com quem há quarenta anos habitam:
outros voltarão ao ofício
fotográfico dos turistas.

Mas todos redescobrirão
no meu baile por *alegrías*
uma pele que já tiveram,
antes dos dólares & Cia.

Juan, que fazer para evitar
que só acordem à meia-vida?
Que país é esse que obriga
a ser meia-idade o turista?"

# Sevilha e a Espanha

O castelhano e o catalão
têm pobreza e riqueza tristes.
Assim desprezam a Andaluzia:
veem-na africana ou sacrílega.

Em Castilha, ambas são viúvas,
um manto de beata as recobre
e seus ouros têm a cegueira,
a pátina humilde do cobre.

A Catalunha tira a tristeza
de querer ser muito mais França,
que não a interessa, senão,
enquanto Espanha, dá-lhe entranhas.

A Andaluzia é de ouro e cobre,
mas nenhum dura mais que um dia:
se alternam, como em seu cantar
à *soleá* segue a *alegría*.

# *El embrujo* de Sevilha

Não há tal *embrujo* em Sevilha.
Tudo é solar e sem mistério
e a superstição do sevilhano
é um manso animal doméstico,

com quem se convive, carrega
nos braços; mais bem é mascote,
é como um gato ou um cachorro
que quando incômodo se enxote,

se insulta quando necessário,
puro totem, nu de religião,
nu de ocultismo, metafísica,
teologia trazida ao chão;

que se obedece porque sim,
e que, bicho de casa, servo
(seja uma Virgem, um sinal da cruz)
não morde, é íntimo, é um gesto.

## *Calle* Sierpes

Sevilha tem bairros e ruas
onde andar-se solto, à ventura,

onde passear é navegação,
é andar-se, e sem destinação,

onde andar navegando a vela
e nada a atenção atropela,

onde andar é o mesmo que andar-se
e vão soltas a alma e a carne.

Mas há uma rota obrigatória
como as do comércio de outrora:

a esta se chama *calle* Sierpes,
apinhada de leste a oeste,

que serpenteia entre dois bares,
um na Campana e o outro o Corales,

onde após o andar solidão
se navega entre a multidão,

e não se pode o andar a vela
nem de leme solto e às cegas:

lá, navegar é em linhas curvas,
como a cobra que dá nome à rua.

# Cidade de alvenaria

A pedra é do monumental,
às vezes isolado, portal.

O corpo animal de Sevilha,
o popular e o da minoria,

é de carnal alvenaria,
tijolo ou cal cor de dia,

e já foi ganhando com o tempo
esse humano arredondamento

que faz amigo a quem de fora,
e a quem de dentro é quase mucosa.

Assim, nas igrejas, o portal
de pedra importada e oficial,

se não ganham essa qualidade
que a alvenaria tem com a carne,

são sentinelas tolerantes,
acanhados, como imigrantes,

que muitas vezes são caiados
para sentir-se bem lado a lado

da alvenaria matronal:
comporta-se em mel cada portal.

# O *Arenal* de Sevilha

Já nada resta do Arenal
de que contou Lope de Vega.
A Torre do Ouro é sem ouro
senão na cúpula amarela.

Já não mais as frotas das Índias,
e esta hoje se diz América;
nem a multidão de mercado
que se armava chegando elas.

Já Rinconete e Cortadilho
dormem no cárcere dos clássicos
e é ponte mesmo, de concreto,
a antiga Ponte de Barcos.

Urbanizaram num Passeio
o formigueiro que antes era;
só, do outro lado do rio,
ainda Triana e suas janelas.

# Hospital de *La Caridad*

Conjugam um só tempo de verbo,
no indicativo presente: "Espero".

Ali esperam incuráveis e velhos
que venha o objeto direto,

a esta sala de espera tão densa,
sem mais programas, sem agendas.

Juan de Mañara, que o instalou,
fez-se o Grande Torturador.

No ar formigueiro de Sevilha,
criou essa sala de visitas,

essa glorieta, tão diferente
das outras em que preguiça a gente.

Nela se espera uma só, a Visita,
que é certa, mas sem data fixa.

A espera é densa que se a apalparia,
muda, de quem faz pontaria.

Só que tenso não está quem atira,
estão os alvos que estão sob a mira.

# A fábrica de tabacos

Para fábrica de tabacos,
Fernando VI edificou
o que mais parece um convento
que fosse em Regras e Prior.

Lá trabalharam as cigarreiras,
quase nuas pelo calor,
discutindo, freiras despidas,
teologias de um certo amor.

Enquanto enrolavam cigarros,
se trocavam jaculatórias,
com palavras desse amor cru
omitidos pelas retóricas.

Lá um tempo trabalhou Carmen,
adensando mais a atmosfera
de sexo, de carne mulher,
que isso tudo emanava dela.

Sobre o portal um anjo de pedra:
pronta, na boca, uma trombeta.
Faria soá-la, se dizia,
se um dia entrasse uma donzela.

Hoje, não há mais operárias.
Hoje em dia, é a Universidade.
Tudo mudou, exceto o anjo
que mudo ameaça ainda, debalde.

# Sevilhizar o mundo

Como é impossível, por enquanto,
civilizar toda a terra,
o que não veremos verão,
decerto, nossas tetranetas,

infundir na terra esse alerta,
fazê-la uma enorme Sevilha,
que é a contrapelo, onde uma viva
guerrilha do ser pode a guerra.

# O Museu de Belas-Artes

Este é o museu menos museu.
No Convento de las Mercedes,
palácio de tijolos frescos,
nada há de Convento nele.

Há jardins internos e fontes
surtindo águas vivas em fios
e a enorme luz que se abre invade
tristes Cristos, sombrios bispos,

pendurados pelas paredes,
mornos filhos da Renascença
que a custo dão-se à dor e ao sério
naquela invasão de sol sem crença.

Mas as santas de Zurbarán,
lado a lado, entre as janelas,
ficam lindas, assim lado a lado
como misses na passarela.

# O asilo dos velhos sacerdotes

Os padres velhos de Sevilha,
que pastorearam toda a vida,

que tanto sofreram dos hálitos
beatos nos confessionários,

que pastorearam, literalmente,
gado, galinhas, até gente,

que mastigaram o macarrão
do seu latim de igreja, em vão,

que puxaram as ladainhas
para cobrir as *bulerías*,

e ameaçavam com o inferno
quem se revelasse *flamenco*,

um inferno de labaredas
e música rança de igreja,

que só sabiam do silêncio
da fala baixa de intriguentos,

têm boa aposentadoria:
vêm dos povoados a Sevilha,

viver em paz a arquitetura
desse palácio de paz muda,

de muros frescos de tijolo,
onde, num pátio deleitoso,

mordem com dentes que lá vão
o silêncio, final sermão.

# A Praça de Touros de Sevilha

É a Praça de Touros barroca,
não do ferro comercial de outras.

Barroco alegre, de cal e ocre,
sem jogos fúnebres de morte.

Plena luz de um sol de cima,
nem diz da morte, que é sua sina.

É como um altar ao ar livre,
barroco, sem seus jogos tristes.

Ou, se o morrer, é o luminoso
de sua areia quente, de ouro,

que para lá fora trazida
de Utrera, de Guadaíra.

Tem tanta luz que até encadeia
o touro que salta na arena,

a prata e o ouro do toureiro
e o espectador que foi vê-los.

Quando o touro salta do *corral*
entra num sol tão natural

que se duvida se então entrou
sua morte ou a de seu *matador*.

# Padres sem paróquia

Cada manhã, no Arquivo de Índias,
enxames de batinas negras,
padres jovens (historiadores?)
vêm e invadem todas as mesas.

São padres jovens, já ordenados.
Saem para procurar igrejas
para dizer a missa diária,
a que são obrigados por regra.

Padres sem altar e que esperam
pelo concurso que farão
para ganhar uma paróquia:
muitas, mas menos que eles são.

Livres que estão até a comida,
fogem ruas ainda sexuadas,
fazem gazeta, matam a manhã
fingindo pesquisas para nada.

# Na Cava, em Triana

1.
Decerto tua origem cigana,
ser de Sevilha, onde Triana,

esse parecer de alma nua
sob as roupas mais folhudas,

te dá a dupla desnudez
de teu falar e de teu ser,

esse existir-se de alma nua
que as ciganas como sexua.

2
Alma nua sob mil disfarces,
pois ser cigano força a abrigar-se

fora da lei, da identidade,
mesmo se habita uma cidade;

ser cigano é viver sob tendas
até se debaixo de telhas,

um viver que a polícia não acha,
mesmo se da rua e a casa saiba.

### 3

Por isso no *cante* e no baile
eles tão nus conseguem dar-se.

Ainda mais na língua em que falam:
fiapos de língua que disfarçam

o esforço da existência alerta,
que fácil abre e nunca está aberta,

que se não tem dinheiro dá
e se tem não teme esmolar.

### 4

E quando o toureiro é cigano?
Como é que toureava Cagancho?

Toureiro e cigano, tinha a arte
de qualquer cigano no baile;

só que, como a morte na arena
é real, *cante* da alma extrema,

se o touro não saía nobre,
toureava-o, mas como quem foge.

# Um bairro de Sevilha

Em Santa Maria la Blanca,
o silêncio se corta a faca.

É denso, não o morto e vazio,
que se pode romper a gritos.

Silêncio de esponja, absorvente,
que faz se calar o passante,

e o faz sentir-se surdo e mudo,
de pulso rápido, mas lúcido.

Assim devem sentir-se os mundos
nos grandes espaços sem fundo,

girando nas mesmas vertigens,
que aqui nos dá tanta cal virgem.

# Cidade cítrica

Sevilha é um grande fruto cítrico,
quanto mais ácido, mais vivo.

Em geral, as ruas e pátios
arborizam limões amargos.

Mas vem da cal de cores ácidas,
dos palácios como das taipas,

o sentir-se como na entranha
de luminosa, acesa laranja.

# Gaiola de chuva

Não tem Sevilha a chuva triste:
mesmo se a chuva cai em cordas,
Sevilha guarda dentro o sol
como um canário na gaiola.

A chuva é fora e apaga a cal
mas trás a *rejas* das janelas,
dentro do que por fora é cárcere
há flor da alma, vivo-amarela.

# O sevilhano e o trabalho

O sevilhano, que é distinto,
nisso, de todo ser humano,
não declara que do trabalho
está nesse instante voltando.

Seja operário ou camponês,
tem a mão dura e proletária;
quando cruzá-las ele sabe
e na Guerra Civil soube armá-las.

Mas tem o pudor de conversar
trabalho e como este o trabalha.
Seu protesto diário é contra o amor,
contra uns olhos, que, diz, o matam.

Mas de olhos nenhum já morreu;
do que morre, nunca confessa:
voltando da pá ou da enxada,
diz: *"Vengo de echarme una siesta."*

## *Corral de vecinos*

Não raro um palácio de outrora
é agora "cabeça de porco",
mas o reboco descascando
não compromete seu decoro.

A maré popular, montante,
foi infiltrando pouco a pouco
sem que o palácio aristocrático
pareça estar a contragosto.

A infiltração o dividiu,
moram hoje cem onde antes poucos:
e o guitarrista sem contrato,
o ex-picador de touros, roto,

a moça que gasta os espelhos,
se masturbando a cabeleira,
quatro bocas de peixe obsceno
de comadres que comadreiam,

meninos que jogam ao touro
com touro falso, de madeira,
armação posta sobre rodas
que dá cornadas verdadeiras,

o bate-boca universal,
de línguas armadas de facas,
que de repente se embainham
e se abraçam, como se nada,

o *bailador* hoje entrevado,
o ex-*cantador* de álcool roto,
dos que outrora no palácio
não se distinguem de todo.

Pois o marquês que o construiu,
que se arruinou, mudou de pouso,
foi *flamenco,* populacheiro,
se insolente e ávido de bolso.

Entre ele e as trinta famílias
que hoje desvivem em seu bojo,
o ar popular que é de Sevilha
circula ali com o mesmo sopro.

Têm em comum santos e diabos,
se confessam com o mesmo padre,
e se nos touros eles sentam
ao sol ou à sombra, é um só sotaque.

# A Feira de Abril

Durante a Feira de Abril, Sevilha
se mostra turística ao turista.

Ela monta então seu carnaval,
se veste com seu cartão-postal.

Mas aquela é uma falsa Sevilha,
aquela em que a gente *señorita*

desfila com cavalos e coches,
vestindo em rico o que a gente pobre.

É aquela a Sevilha que se imita
a si mesma naqueles seis dias

e assume seu próprio popular
que no resto do ano ignorará,

ou assume-o mas em curta medida,
sem descer fundo no que é Sevilha,

dançando só castas *sevilhanas*,
que é o até onde chega sua dança.

# Manolo González

Perguntavam muitos: "Por que
tu toureias no extremo do ser,

no limite entre a vida e a morte,
como faz o toureiro pobre?

Não podes fingir o perigo,
tourear buscando-se o tranquilo?

Por que tourear como toureias,
como se fosse a vez primeira?"

Se calava, quase menino,
de cabelo louro de gringo,

menino vestindo ouro e prata,
cores da morte celebrada.

# Miguel Baez, "Litri"

Ele toureava cada tarde
num cara-coroa, um jogar-se.

Não podia tourear um touro
se não o fizesse corpo a corpo.

Cada touro como que enrolava
na cintura, como outra faixa,

sem pensar como a despiria
no fim da *faena* que fazia.

Toureando, chamava a cornada
que cada touro traz guardada,

que não tem hora e é sem receita,
como todo touro é surpresa.

# Dois castelhanos em Sevilha

Foi o Convento dos Jesuítas,
e mais tarde a Universidade,
onde um tempo Pedro Salinas
ditava aos gritos suas classes;

mais gritava do que ditava
e gritava de tal maneira
que tinha alunos não inscritos,
sérios, nas calçadas fronteiras.

Depois, veio Jorge Guillén;
porém, como falava baixo
e não o podiam escutar,
foram-se os imatriculados.

Imagino-o soprando as aulas,
como soprou sempre a poesia
que fez, com régua e com esquadro.
Dura mais a voz menos viva?

Como seja, se não chegava
sequer às calçadas fronteiras,
foi mais longe o fio dessa voz.
Filtrava entre os guarda-fronteiras.

# Manolo Caracol

Cada *cantador* andaluz
cantando traz à plena luz

uma ferida de nascença,
como dentro de um ovo a gema.

Com a boca o *cante* pouco diz,
é uma curada cicatriz,

curada só na superfície
e que quando quer pode abrir-se

para sangrar funda ferida
(uma que nunca cicatriza)

que tem consigo toda de dia
e ele nem mesmo localiza:

canta a partir de íntima fenda
e sempre pensa que uma fêmea

que com a navalha dos olhos
abriu-lhe fundo com seu ódio

ferida que de dia esconde
para que de noite ele sonde

onde é que se localiza
(mas não quer curá-la, é seu guia).

# Juan Belmonte

Ia sempre de terno branco
como qualquer pernambucano.

Já velho para ser toureiro,
ora abastado e fazendeiro,

vinha calar todas as tardes
no terraço de *Los Corales*.

Saudávamo-nos como vizinhos,
cada um no seu terno de linho.

Sempre solitário e sem corte,
falando mudo, com a morte,

de entre as quarenta cicatrizes
com que o agredira, usando chifres.

Ele que transformara a arte
de desafiar a morte, dar-se

a morte, com quem discutia,
ao fim levou-o de vencida.

Por amor de moça mocinha
que o recusara e às suas quintas,

mostrou que enfim era o mais forte:
suicidou-se, mandou na morte,

ele que mandava nos touros
com que ela sempre ameaçou-o,

de que escapava por um triz:
convocou-a, mas quando o quis.

# Carmen Amaya, de Triana

### 1

As vizinhas diziam todas:
"Bendita Madre, que *bailadora*!"

Então botaram-me na escola:
era *sevilhanas* a toda hora.

*Sevilhanas* são para as damas,
para as *niñas bien,* não têm chama.

Aprendem-nas para na Feira
dançá-las entre si nas *casetas*.

Dançá-las dentro das famílias
como na Feira de Abril, em Sevilha.

"Nunca pensei em ser dama, não:
pois toquei fogo na lição."

### 2

"Dançar não é coisa aprendida,
mas o aprender-se cada dia.

Assim é que entendo a lição;
sabê-la, mas segui-la, não.

Fugir do que ela faz de gesso,
lançá-la, mas sempre do avesso.

Tinha então de ganhar a vida,
e, como eu, mais de mil havia.

Onde ir buscar esse sotaque
que entre as dez mil me destacasse

e fizesse dizer: — Eis a Amaya,
eis seu bailado, vivo e em chaga."

      3
"Fui numa tarde à *Maestranza*,
vi Pepe Luís (toureio e dança),

com ele é que aprendi que a morte
é que faz o sotaque mais forte,

e que não traz mal a quem a toque:
pois raro acede a quem a invoque.

Por isso que pus no baile
a morte e seu arrepiar-se.

Supersticiosa, sou cigana,
vivo muito bem com a tal dama:

ela faz mais denso o meu gesto
e só virá em meu dia certo."

# Niña de los Peines

Uma música, indago sempre
a quem de ouvido musical:
pode uma música ser nítida
sem fazer uso do metal?

Se canta o *flamenco* quase sempre
ao som da guitarra, que é líquido,
que é um líquido, pingando no poço
um líquido do mesmo líquido.

Se faz sem metais o *flamenco*
(exceção: o do *martinete,*
que se acompanha com martelo
e bigorna, é seco e sem sede).

Se faz sem metal o *flamenco*.
Há só uma garganta esfolada
nesse cantar cru. Poderá
ser de metal essa garganta?

Se metal, não está em lingote:
é um metal rouco, como roto,
metal que dói, dilacerado,
como um metal de nervo exposto.

Raro ele canta de punhais.
Foge-os cantando flores vivas.
Há muitas flores no que canta
como em Federico García,

ou Lorca, que escreve do amor
e das mil flores que sabia.
Mas no *flamenco* o amor aponta
como punhal entre margaridas.

O *flamenco* fala do amor
como ele, também floralmente,
mas no *flamenco* um punhal oculto
nesse canteiro cresce sempre.

# A idade da sevilhana

Aos olhos de quem não sevilhano,
a mulher vai de quinze a trinta anos.

Depois, é um vazio de trinta,
até que voltam duas vezes trinta.

Passam das netas às avós?
Saltaram a mãe? Onde ficou?

Por que só desfilam nas ruas
as verdes ou as mais que maduras?

# A catedral

"Vamos fazer tal catedral
que nos faça chamar de loucos",
propôs um dia no Cabildo
um cônego louco de todo.

Na monstruosa mole vazia
podia caber toda Sevilha,
e muita vez, dia de chuva,
foi bolsa de especiarias.

Hoje é como uma cordilheira
na graça rasa de Sevilha;
é um enorme touro de pé
em meio a reses que dormitam.

Foi construída de uma só vez
como um livro de um só poema.
O ouro das Índias que a pagou
deu unidade a seu esquema.

Na catedral, um dia por ano,
se expõe à beata devoção
o corpo do rei Dom Fernando
que morreu de amarelidão.

Pelo menos é o da malária,
não o de quem viveu na guerra:
é aquele amarelo doente,
transparente, quase de vela.

Lá se admira a terceira tumba
de Colombo, como outras, falsa.
(As de Cuba e de São Domingos
pretendem também a carcaça.)

Mas parece que a verdadeira
é o leito do Guadalquivir,
que uma cheia antiga levou-a
de uma Cartuxa que havia ali.

# Os *infundios* do sevilhano

Os *infundios* não são mentira,
nem tampouco a verdade estrita.

O sevilhano que o comete
não tem má-fé nem interesse.

É o uso da imaginação
que borda sobre um fato chão

o que lhe parece mais real,
pois a verdade há-de ter sal

e ele a traduz no que gostaria
que fosse, porque ali há mais chispa.

Assim, não é categórico o *infundio*
e o diz gozando-se do mundo.

# Intimidade do *flamenco*

O *flamenco* quer intimidade,
assim no *cante* que no baile.

Aquele fazer de mais dentro,
se quer de quem faz pôr-se ao centro,

*centrarse*, viver seu caroço,
e a partir dele dar-se todo,

esse *cante* ou baile é monólogo
que, se funciona para o próximo,

quer um próximo conivente
capaz de centrar-se igualmente.

Não quer um palco que o dissolva,
seu fazer se faz boca a boca.

# A imaginação perigosa

Por que é que todo sevilhano
quer viver-se no aceiro da morte?
Não é povo de jogadores
que estime o deus baixo da sorte.
Para o andaluz ser *matador*
é o sonho que sonha de jovem,
como ser *bailaor, cantaor,*
ele tenta ser quando acorde,
e que é também viver sobre um fio
tenso, por em cima da morte,
onde andar como equilibrista
sobre um fio agudo de cobre.

# Sevilha e o progresso

Sevilha é a única cidade
que soube crescer sem matar-se.

Cresceu do outro lado do rio,
cresceu ao redor, como os circos,

conservando puro seu centro,
intocável, sem que seus de dentro

tenham perdido a intimidade:
que ela só, entre todas cidades,

pode o aconchego de mulher,
pode o macio existir do mel,

que outrora guardava nos pátios
e hoje é de todo antigo bairro.

APÊNDICES

# Cronologia

1920 – Filho de Luiz Antônio Cabral de Melo e de Carmem Carneiro-Leão Cabral de Melo, nasce, no Recife, João Cabral de Melo Neto.

1930 – Depois de passar a infância nos municípios de São Lourenço da Mata e Moreno, volta para o Recife.

1935 – Obtém destaque no time juvenil de futebol do Santa Cruz Futebol Clube. Logo, porém, abandona a carreira de atleta.

1942 – Em edição particular, publica seu primeiro livro, *Pedra do sono*.

1945 – Publica *O engenheiro*. No mesmo ano, ingressa no Itamaraty.

1947 – Muda-se, a serviço do Itamaraty, para Barcelona, lugar decisivo para a sua obra. Compra uma tipografia manual e imprime, desde então, textos de autores brasileiros e espanhóis. Nesse mesmo ano trava contato com os espanhóis Joan Brossa e Antoni Tàpies.

1950 – Publica *O cão sem plumas*. Em Barcelona, as Editions de l'Oc publicam o ensaio *Joan Miró*, com gravuras originais do pintor. O Itamaraty o transfere para Londres.

1952 – Sai no Brasil, em edição dos *Cadernos de cultura do MEC*, o ensaio *Joan Miró*. É acusado de subversão e retorna ao Brasil.

1953 – O inquérito é arquivado.

1954 – *O rio*, redigido no ano anterior, recebe o Prêmio José de Anchieta, concedido pela Comissão do IV Centenário de São Paulo, que também imprime uma edição do texto. A Editora Orfeu publica uma edição de seus *Poemas reunidos*. Retorna às funções diplomáticas.

1955 – Recebe, da Academia Brasileira de Letras, o Prêmio Olavo Bilac.

1956 – Sai, pela Editora José Olympio, *Duas águas*. Além dos livros anteriores, o volume contém *Paisagens com figuras*, *Uma faca só lâmina* e *Morte e vida severina*. Volta a residir na Espanha.

1958 – É transferido para Marselha, França.

1960 – Em Lisboa, publica *Quaderna* e, em Madri, *Dois parlamentos*. Retorna para a Espanha, trabalhando agora em Madri.

1961 – Reunindo *Quaderna* e *Dois parlamentos*, junto com o inédito *Serial*, a Editora do Autor publica *Terceira feira*.

1964 – É nomeado um dos representantes da delegação brasileira nas Nações Unidas, em Genebra.

1966 – Com música de Chico Buarque de Holanda, o Teatro da Universidade Católica de São Paulo (Tuca) monta *Morte e vida severina*, com estrondoso sucesso. A peça é encenada em diversas cidades brasileiras e, depois, em Portugal e na França. Publica *A educação pela pedra*, que recebe vários prêmios, entre eles o Jabuti. O Itamaraty o transfere para Berna.

1968 – A Editora Sabiá publica a primeira edição de suas *Poesias completas*. É eleito, na vaga deixada por Assis Chateaubriand, para ocupar a cadeira 37 da Academia Brasileira de Letras. Retorna para Barcelona.

1969 – Com recepção de José Américo de Almeida, toma posse na Academia Brasileira de Letras. É transferido para Assunção, no Paraguai.

1972 – É nomeado embaixador no Senegal, África.

1975 – A Associação Paulista de Críticos de Arte lhe concede o Grande Prêmio de Crítica. Publica *Museu de tudo*.

1980 – Publica *A escola das facas*.

1981 – É transferido para a embaixada de Honduras.

1984 – Publica *Auto do frade*.

1985 – Publica *Agrestes*.

1986 – Assume o Consulado-Geral no Porto, Portugal.

1987 – No mesmo ano, recebe o prêmio da União Brasileira de Escritores e publica *Crime na calle Relator*. Retorna ao Brasil.

1988 – Publica *Museu de tudo e depois*.

1989 – Publica *Sevilha andando*.

1990 – Aposenta-se do Itamaraty. Recebe, em Lisboa, o Prêmio Luís de Camões.

1992 – Em Sevilha, na Exposição do IV Centenário da Descoberta da América é distribuída a antologia *Poemas sevilhanos*, especialmente preparada para a ocasião. A Universidade de Oklahoma lhe concede o Neustadt International Prize.

1994 – São publicadas, em um único volume, suas *Obras completas*. Recebe na Espanha o Prêmio Rainha Sofia de Poesia Ibero-americana, pelo conjunto da obra.

1996 – O Instituto Moreira Salles inaugura os *Cadernos de literatura brasileira* com um número sobre o poeta.

1999 – Falece no Rio de Janeiro.

---

(Fontes: Melo Neto, João Cabral. *Poesia completa e prosa*. Rio de Janeiro: Nova Aguilar, 2008; *Cadernos de literatura brasileira*. Instituto Moreira Salles. nº 1, março de 1996; Castello, José. *João Cabral de Melo Neto: o homem sem alma & Diário de tudo*. Rio de Janeiro: Bertrand Brasil, 2006; Academia Brasileira de Letras; Fundação Joaquim Nabuco.)

# Bibliografia do autor

## POESIA

**Livros avulsos**

*Pedra do sono*. Recife: edição do autor, 1942. [sem numeração de páginas.] Tiragem de 300 exemplares, mais 40 em papel especial.

*Os três mal-amados*. Rio de Janeiro: Revista do Brasil, n° 56, dezembro de 1943. p. 64-71.

*O engenheiro*. Rio de Janeiro: Amigos da Poesia, 1945. 55 p.

*Psicologia da composição* com *A fábula de Anfion* e *Antiode*. Barcelona: O Livro Inconsútil, 1947. 55 p. Tiragem restrita, não especificada, mais 15 em papel especial.

*O cão sem plumas*. Barcelona: O Livro Inconsútil, 1950. 41 p. Tiragem restrita, não especificada.

*O rio* ou *Relação da viagem que faz o Capibaribe de sua nascente à cidade do Recife*. São Paulo: Edição da Comissão do IV Centenário de São Paulo, 1954. [s.n.p.]

*Quaderna*. Lisboa: Guimarães Editores, 1960. 113 p.

*Dois parlamentos*. Madri: edição do autor, 1961. [s.n.p.] Tiragem de 200 exemplares.

*A educação pela pedra*. Rio de Janeiro: Editora do Autor, 1966. 111 p.

*Museu de tudo*. Rio de Janeiro: José Olympio, 1975. 96 p.

*A escola das facas*. Rio de Janeiro: José Olympio, 1980. 94 p.

*Auto do frade*. Rio de Janeiro: José Olympio, 1984. 87 p.

*Agrestes*. Rio de Janeiro: Nova Fronteira, 1985. 160 p. Além da convencional, houve tiragem de 500 exemplares em papel vergé assinados pelo autor.

*Crime na* calle *Relator*. Rio de Janeiro: Nova Fronteira, 1987. 82 p.

*Sevilha andando*. Rio de Janeiro: Nova Fronteira, 1989. 84 p.

*Primeiros poemas*. Rio de Janeiro: Faculdade de Letras da UFRJ, 1990. 46 p. Tiragem de 500 exemplares.

**Obras reunidas**

*Poemas reunidos*. Rio de Janeiro: Orfeu, 1954. 126 p.

*Duas águas*. Rio de Janeiro: José Olympio, 1956. 270 p. Inclui em primeira edição *Morte e vida severina*, *Paisagens com figuras* e *Uma faca só lâmina*. Além da convencional, houve tiragem de 20 exemplares em papel especial.

*Terceira feira*. Rio de Janeiro: Editora do Autor, 1961. 214 p. Inclui em primeira edição *Serial*.

*Poesias completas*. Rio de Janeiro: Sabiá, 1968. 385 p.

*Poesia completa*. Lisboa: Imprensa Nacional/Casa da Moeda, 1986. 452 p.

*Museu de tudo e depois* (1967-1987). Rio de Janeiro: Nova Fronteira, 1988. 339 p.

*Obra completa.* Rio de Janeiro: Nova Aguilar, 1994. Inclui em primeira edição *Andando Sevilha.* 836 p.

*Serial e antes.* Rio de Janeiro: Nova Fronteira, 1997. 325 p.

*A educação pela pedra e depois.* Rio de Janeiro: Nova Fronteira, 1997. 385 p.

*O cão sem plumas.* Rio de Janeiro: Objetiva, 2007. 204 p. Inclui *Pedra do sono, Os três mal-amados, O engenheiro, Psicologia da composição* e *O cão sem plumas.* 170 p.

*Morte e vida severina.* Rio de Janeiro: Objetiva, 2007. 176 p. Inclui *O rio, Morte e vida severina, Paisagens com figuras* e *Uma faca só lâmina.*

*A educação pela pedra.* Rio de Janeiro: Objetiva, 2008. 298 p. Inclui *Quaderna, Dois parlamentos, Serial* e *A educação pela pedra.*

*Poesia completa e prosa.* Rio de Janeiro: Nova Aguilar, 2008. 820 p.

*A escola das facas* e *Autor do trade.* Rio de Janeiro: Objetiva, 2008. 196 p.

**Antologias**

*Poemas escolhidos.* Lisboa: Portugália Editora, 1963. 273 p. Seleção de Alexandre O'Neil.

*Antologia poética.* Rio de Janeiro: Editora do Autor, 1965. 190 p.

*Morte e vida severina e outros poemas em voz alta.* Rio de Janeiro: Editora do Autor, 1966. 153 p.

*Literatura comentada.* São Paulo: Abril Educação, 1982. 112 p. Seleção de José Fulaneti de Nadai.

*Poesia crítica*. Rio de Janeiro: José Olympio, 1982. 125 p.

*Melhores poemas*. São Paulo: Global, 1985. 231 p. Seleção de Antonio Carlos Secchin.

*Poemas pernambucanos*. Rio de Janeiro: Nova Fronteira/Centro Cultural José Mariano, 1988. 217 p.

*Poemas sevilhanos*. Rio de Janeiro: Nova Fronteira, 1992. 219 p.

*Entre o sertão e Sevilha*. Rio de Janeiro: Ediouro, 1997. 109 p. Seleção de Maura Sardinha.

*O artista inconfessável*. Rio de Janeiro: Objetiva, 2007. 200 p.

## PROSA

*Considerações sobre o poeta dormindo*. Recife: Renovação, 1941. [s.n.p.]

*Joan Miró*. Barcelona: Editions de l'Oc, 1950. 51 p. Tiragem de 130 exemplares. Com gravuras originais de Joan Miró.

*Aniki Bobó*. Recife: s/editor, 1958. Ilustrações de Aloisio Magalhães. [s.n.p.] Tiragem de 30 exemplares.

*O Arquivo das Índias e o Brasil*. Rio de Janeiro: Ministério das Relações Exteriores, 1966. 779 p. Pesquisa histórica.

*Guararapes*. Recife: Secretaria de Cultura e Esportes, 1981. 11 p.

*Poesia e composição*. Conferência realizada na Biblioteca Municipal Mário de Andrade, de São Paulo, em 1952. Coimbra: Fenda Edições, 1982. 18 p. Tiragem de 500 exemplares.

*Idéias fixas*. Rio de Janeiro: Nova Fronteira/FBN; Mogi das Cruzes, SP: UMC, 1998. 151 p. Org. Félix de Athayde.

*Prosa*. Rio de Janeiro: Nova Fronteira, 1998. 139 p.

*Correspondência de Cabral com Bandeira e Drummond*. Rio de Janeiro: Nova Fronteira/Casa de Rui Barbosa, 2001. 319 p. Org. Flora Süssekind.

# Bibliografia selecionada sobre o autor

ATHAYDE, Félix de. *A viagem (ou Itinerário intelectual que fez João Cabral de Melo Neto do racionalismo ao materialismo dialético)*. Rio de Janeiro: Nova Fronteira/Fundação Biblioteca Nacional, 2000. 111 p.

BARBIERI, Ivo. *Geometria da composição*. Rio de Janeiro: Sette Letras, 1997. 143 p.

BARBOSA, João Alexandre. *A imitação da forma: uma leitura de João Cabral de Melo Neto*. São Paulo: Duas Cidades, 1975. 229 p.

_____. *João Cabral de Melo Neto*. São Paulo: PubliFolha, 2001. 112 p.

BRASIL, Assis. *Manuel e João*. Rio de Janeiro: Imago, 1990. 270 p.

CAMPOS, Maria do Carmo, org. *João Cabral em perspectiva*. Porto Alegre: Editora da UFRG, 1995. 198 p.

CARONE, Modesto. *A poética do silêncio*. São Paulo: Perspectiva, 1979. 128 p.

CASTELLO, José. *João Cabral de Melo Neto: o homem sem alma* & *Diário de tudo*. Rio de Janeiro: Bertrand Brasil, 2006. 269 p.

COUTINHO, Edilberto. *Cabral no Recife e na memória*. Recife: Suplemento Cultural do *Diário Oficial*, 1997. 33 p.

CRESPO, Angel, e GOMEZ Bedate, Pilar. *Realidad y forma en la poesía de Cabral de Melo*. Madri: Revista de Cultura Brasileña, 1964. 69 p.

ESCOREL, Lauro. *A pedra e o rio*. 2ª ed. Rio de Janeiro: Academia Brasileira de Letras, 2001. 141 p.

GONÇALVES, Aguinaldo. *Transição e permanência. Miró/ João Cabral: da tela ao texto*. São Paulo: Iluminuras, 1989. 183 p.

LIMA, Luiz Costa. *Lira e antilira – Mário, Drummond, Cabral*. 2ª ed. Rio de Janeiro: Topbooks, 1995. 335 p.

LOBO, Danilo. *O poema e o quadro: o picturalismo na obra de João Cabral de Melo Neto*. Brasília: Thesaurus, 1981. 157 p.

LUCAS, Fábio. *O poeta e a mídia*. Carlos Drummond de Andrade e João Cabral de Melo Neto. São Paulo: SENAC, 2003. 143 p.

MAMEDE, Zila. *Civil geometria*. Bibliografia crítica, analítica e anotada de João Cabral de Melo Neto. São Paulo: Livraria Nobel/EDUSP, 1987. 524 p.

MARTELO, Rosa Maria. *Estrutura e transposição*. Porto: Fundação Eng. António de Almeida, 1989. 138 p.

NOGUEIRA, Lucila. *O cordas encarnadas. Uma leitura severina*. Recife: Edições Bagaço, 2010. 2 vols., 520 p. + 480 p.

NUNES, Benedito. *João Cabral: a máquina do poema*. Brasília: Editora Universidade de Brasília, 2007. 173 p.

_____. *João Cabral de Melo Neto*. Petrópolis: Vozes, 1971. 217 p.

PEIXOTO, Marta. *Poesia com coisas: uma leitura de João Cabral de Melo Neto*. São Paulo: Perspectiva, 1983. 215 p.

PEIXOTO, Níobe Abreu. *João Cabral e o poema dramático: Auto do frade, poema para vozes*. São Paulo: Annablume/ FAPESP, 2001. 150 p.

REBUZZI, Solange. *O idioma pedra de João Cabral*. São Paulo: Perspectiva, 2010. 164 p.

SAMPAIO, Maria Lúcia Pinheiro. *Processos retóricos na obra de João Cabral de Melo Neto*. São Paulo: HUCITEC, 1980. 168 p.

SECCHIN, Antonio Carlos. *João Cabral: a poesia do menos e outros ensaios cabralinos*. 2ª ed., rev. e ampliada. Rio de Janeiro/São Paulo: Topbooks/Universidade de Mogi das Cruzes, 1999. 333 p.

SENNA, Marta de. *João Cabral: tempo e memória*. Rio de Janeiro: Antares, 1980. 209 p.

SOARES, Angélica Maria Santos. *O poema: construção às avessas: uma leitura de João Cabral de Melo Neto*. Rio de Janeiro: Tempo Brasileiro, 1978. 86 p.

SOUZA, Helton Gonçalves de. *A poesia crítica de João Cabral de Melo Neto*. São Paulo: Annablume, 1999. 220 p.

_____. *Dialogramas concretos. Uma leitura comparativa das poéticas de João Cabral de Melo Neto e Augusto de Campos*. São Paulo: Annablume, 2004. 276 p.

TAVARES, Maria Andresen de Sousa. *Poesia e pensamento. Wallace Stevens, Francis Ponge, João Cabral de Melo Neto*. Lisboa: Caminho, 2001. 383 p.

TENÓRIO, Waldecy. *A bailadora andaluza: a explosão do sagrado na poesia de João Cabral.* São Paulo: Ateliê Editorial, 1996. 178 p.

VÁRIOS. *The Rigors of Necessity.* Oklahoma: World Literature Today, The University of Oklahoma, 1992. p. 559-678.

VÁRIOS. *Dossiê João Cabral.* Revista Range Rede, nº 0. Rio de Janeiro: Grupo de Estudos Literários Palavra Palavra, 1995. 80 p.

VÁRIOS. *João Cabral de Melo Neto.* Cadernos de Literatura nº 1. Rio de Janeiro: Instituto Moreira Salles, 1996. 131 p.

VÁRIOS. *Paisagem tipográfica.* Homenagem a João Cabral de Melo Neto. Lisboa: Colóquio/Letras 157/158, julho-dezembro de 2000. 462 p.

VERNIERI, Susana. *O Capibaribe de João Cabral em O cão sem plumas e O rio: Duas águas?* São Paulo: Annablume, 1999. 195 p.

# Índice de títulos

| | |
|---|---|
| 110 | A barcaça |
| 192 | A catedral |
| 162 | A fábrica de tabacos |
| 179 | A Feira de Abril |
| 191 | A idade da sevilhana |
| 196 | A imaginação perigosa |
| 94 | A morte de "Gallito" |
| 82 | A múmia |
| 168 | A Praça de Touros de Sevilha |
| 120 | A sevilhana que é de Córdoba |
| 101 | A sevilhana que não se sabia |
| 29 | A tartaruga de Marselha |
| 134 | Ainda Sevilha ao telefone |
| 80 | Antônio Silvino no Engenho Poço |
| 32 | As infundiosas |
| 122 | As *plazoletas* |
| 40 | Aventura sem caça ou pesca |
| 84 | Beco da Facada |
| 78 | Brasil 4 x Argentina 0 |

| | |
|---:|:---|
| 156 | *Calle* Sierpes |
| 187 | Carmen Amaya, de Triana |
| 88 | Cenas da vida de Joaquim Cardozo |
| 174 | Cidade cítrica |
| 158 | Cidade de alvenaria |
| 116 | Cidade de nervos |
| 135 | Cidade viva |
| 177 | *Corral de vecinos* |
| 27 | Crime na *calle* Relator |
| 140 | Despertar com sevilhana |
| 182 | Dois castelhanos em Sevilha |
| 108 | É demais o símile |
| 155 | *El embrujo* de Sevilha |
| 75 | Episódio da Guerra Civil espanhola |
| 51 | Funeral na Inglaterra |
| 175 | Gaiola de chuva |
| 68 | História de mau caráter |
| 54 | História de pontes |
| 161 | Hospital de *La Caridad* |
| 195 | Intimidade do *flamenco* |
| 185 | Juan Belmonte |
| 129 | Lições de Sevilha |
| 183 | Manolo Caracol |
| 180 | Manolo González |
| 71 | Menino de três Engenhos |
| 105 | Meu álcool |
| 181 | Miguel Baez, "Litri" |
| 130 | Mulher cidade |
| 124 | Mulher da *Panadería* |
| 171 | Na Cava, em Triana |
| 119 | Na cidade do Porto |
| 43 | Na despedida de Sevilha |

| | |
|---|---|
| 189 | Niña de los Peines |
| 151 | No Círculo de *Labradores* |
| 70 | Numa sessão do Grêmio |
| 47 | Numa Sexta-feira Santa |
| 66 | O "bicho" |
| 138 | O *aire* de Sevilha |
| 160 | O *Arenal* de Sevilha |
| 166 | O asilo dos velhos sacerdotes |
| 61 | O circo |
| 45 | O desembargador |
| 39 | O exorcismo |
| 37 | O ferrageiro de Carmona |
| 165 | O Museu de Belas-Artes |
| 115 | O segredo de Sevilha |
| 176 | O sevilhano e o trabalho |
| 142 | Oásis em Sevilha |
| 194 | Os *infundios* do sevilhano |
| 152 | Os turistas |
| 170 | Padres sem paróquia |
| 133 | Poema |
| 86 | Porto dos Cavalos |
| 143 | Presença de Sevilha |
| 131 | Retrato |
| 58 | Rubem Braga e o homem do farol |
| 139 | Sal interior |
| 147 | Semana Santa |
| 118 | Sevilha andando |
| 126 | Sevilha ao telefone |
| 123 | Sevilha de bolso |
| 154 | Sevilha e a Espanha |
| 197 | Sevilha e o progresso |
| 117 | Sevilha em casa |

141 Sevilha revisitada em 1992
136 Sevilhana pintada em Brasília
164 Sevilhizar o mundo
128 Sistema solar
125 Sol negro
149 Touro andaluz
173 Um bairro de Sevilha
114 Verão de Sevilha
112 Viver Sevilha

# Índice de primeiros versos

27   "Achas que matei minha avó?
125  Acordar é voltar a ser,
68   A Faculdade de Direito
130  Andar por Sevilha
191  Aos olhos de quem não sevilhano,
158  A pedra é do monumental,
187  As vizinhas diziam todas:
183  Cada *cantador* andaluz
170  Cada manhã, no Arquivo de Índias,
143  Cantei mal teu ser e teu canto
123  Carregamos Sevilha, os dois,
88   Chega o Nordeste de setembro:
164  Como é impossível, por enquanto,
161  Conjugam um só tempo de verbo,
51   Cônsul, ela foi a um funeral.
133  Contigo hoje filei
171  Decerto tua origem cigana,
115  De Joaquim Romero Murube
142  Dentro dele viviam os dois,

| | |
|---|---|
| 54 | De onde o que foi todo o Recife |
| 86 | De Santana de Dentro à curva |
| 179 | Durante a Feira de Abril, Sevilha |
| 75 | É Alicante. E é a Guerra Civil. |
| 168 | É a Praça de Touros barroca, |
| 110 | Ele embarcou numa mulher |
| 141 | Ele foi visitar Sevilha |
| 181 | Ele toureava cada tarde |
| 173 | Em Santa Maria la Blanca, |
| 58 | É necessário vocação |
| 139 | É que a pimenta do sal |
| 32 | Eram três irmãs andaluzas, |
| 147 | É Semana Santa em Sevilha. |
| 120 | Essa sevilhana de fora |
| 165 | Este é o museu menos museu. |
| 126 | Falo a Sevilha: ao telefone. |
| 182 | Foi o Convento dos Jesuítas, |
| 149 | Há um momento na *corrida* |
| 185 | Ia sempre de terno branco |
| 160 | Já nada resta do Arenal |
| 71 | Lembro do Poço? Não me lembro? |
| 39 | Madrid, novecentos sessenta. |
| 138 | Mal cantei teu ser e teu canto |
| 105 | Marques Rebelo garantia |
| 45 | Menino do Engenho Tabocas, |
| 80 | Meu avô, varanda do Poço, |
| 82 | Na Capelinha da Jaqueira |
| 108 | Não há sentido em comparar-te |
| 155 | Não há tal *embrujo* em Sevilha. |
| 177 | Não raro um palácio de outrora |
| 175 | Não tem Sevilha a chuva triste: |
| 151 | No Círculo de *Labradores*, |

| | |
|---:|:---|
| 84 | No escuro Beco da Facada |
| 152 | Nos revoos de tua saia |
| 119 | Numa dessas tardes vazias, |
| 154 | O castelhano e o catalão |
| 195 | O *flamenco* quer intimidade, |
| 40 | O Parnamirim com sua lama, |
| 176 | O sevilhano, que é distinto, |
| 194 | Os *infundios* não são mentira, |
| 166 | Os padres velhos de Sevilha, |
| 162 | Para fábrica de tabacos, |
| 131 | Passa que a mulher é andaluza: |
| 61 | Passou num engenho de açúcar |
| 136 | Passou que um pintor de Brasília |
| 180 | Perguntavam muitos: "Por que |
| 196 | Por que é que todo sevilhano |
| 128 | Porque o pequeno |
| 116 | Qual o segredo de Sevilha? |
| 134 | Quando pelo telefone |
| 101 | Quando queria dá-la a ver |
| 78 | Quebraram a chave da gaiola |
| 122 | Quem fez Sevilha a fez para o homem, |
| 94 | Quis tourear muito de perto |
| 29 | Sai de casa para matar-se. |
| 112 | Se dá voltas a uma escultura, |
| 47 | Semana Santa na Andaluzia: |
| 70 | Sessão do Grêmio da ex-Capital. |
| 197 | Sevilha é a única cidade |
| 135 | Sevilha é uma cidade viva |
| 174 | Sevilha é um grande fruto cítrico, |
| 156 | Sevilha tem bairros e ruas |
| 124 | Se viver-te será curto, |
| 118 | Só com andar pode trazer |

| | |
|---|---|
| 129 | Tenho Sevilha em minha cama, |
| 117 | Tenho Sevilha em minha casa. |
| 140 | Toda a gente tem um sol |
| 43 | *"Tó lo bueno le venga a U'ted.* |
| 189 | Uma música, indago sempre |
| 37 | Um ferrageiro de Carmona |
| 66 | Um prêmio fora oferecido |
| 192 | "Vamos fazer tal catedral |
| 114 | Verão, o centro de Sevilha |

Copyright © by herdeiros de João Cabral de Melo Neto
Todos os direitos desta edição reservados à
Editora Objetiva Ltda.
Rua Cosme Velho, 103
Rio de Janeiro — RJ — Cep: 22241-090
Tel.: (21) 2199-7824 — Fax: (21) 2199-7825
www.objetiva.com.br

Capa e projeto gráfico
Mariana Newlands

Imagens de capa
© Atlantide Phototravel/Corbis/Corbis (DC)/Latinstock
© Jon Arnold/JAI/Corbis/Corbis (DC)/Latinstock

Estabelecimento do texto e bibliografia
Antonio Carlos Secchin

Revisão
Fátima Fadel
Joana Milli

Editoração eletrônica
Abreu's System Ltda.


CIP-BRASIL. CATALOGAÇÃO-NA-FONTE
SINDICATO NACIONAL DOS EDITORES DE LIVROS, RJ.

M486s
    Melo Neto, João Cabral de
        Crime na *calle* relator; Sevilha andando / João Cabral de Melo Neto. – Rio de Janeiro: Objetiva, 2011.
        220p.                              ISBN 978-85-7962-079-9

            1. Poesia brasileira. I. Título. II. Título: Sevilha andando.

11-2091.                                         CDD: 869.91
                                                CDU: 821.134.3(81)-1

Este livro foi impresso
pela Lis Gráfica para a
Editora Objetiva em
setembro de 2011.